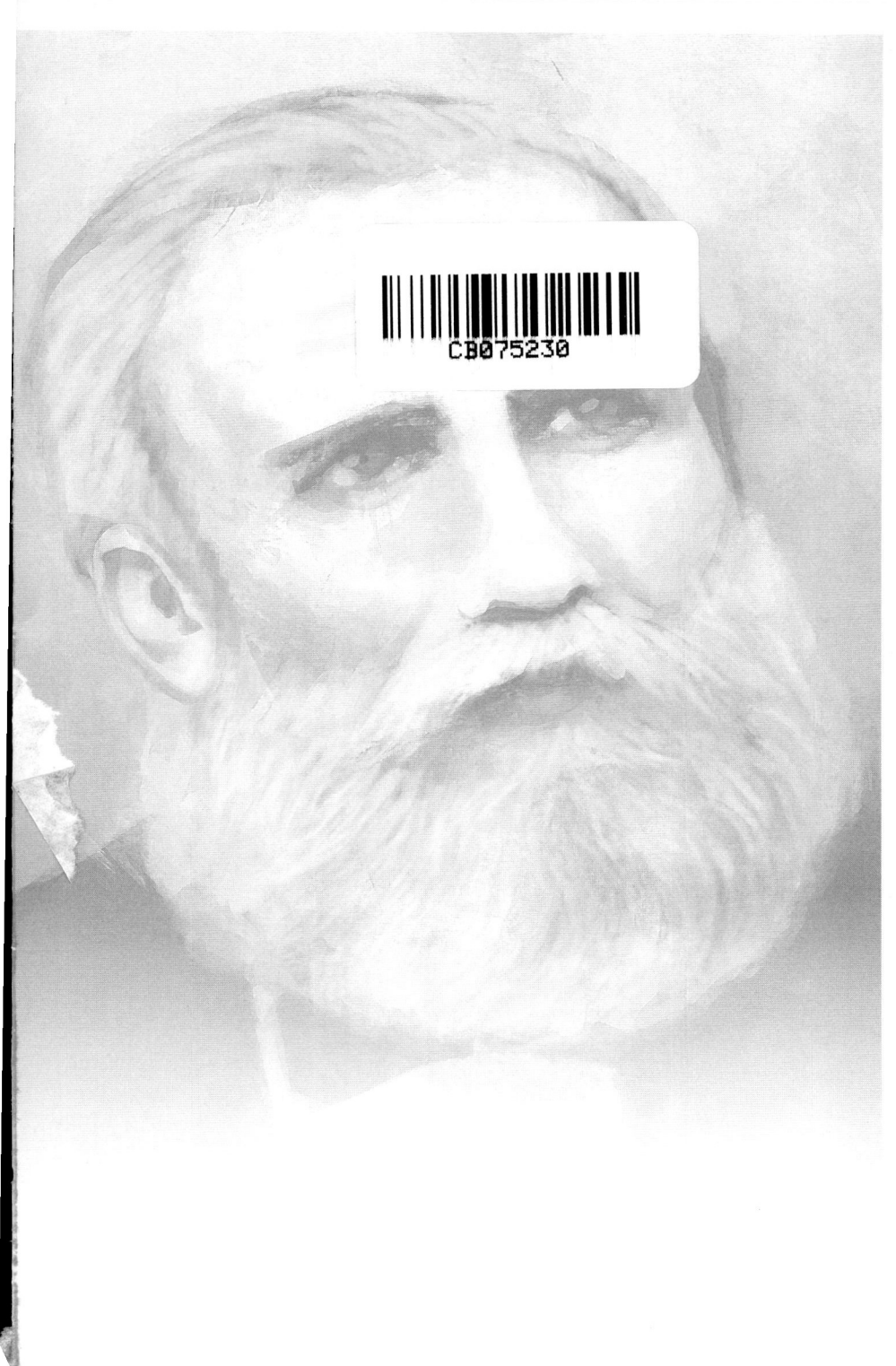

RECADOS do meu coração

Recados do meu coração

Copyright© Intelítera Editora

Editores: *Luiz Saegusa e Claudia Zaneti Saegusa*
Direção Editorial: *Claudia Zaneti Saegusa*
Capa: *Rebecca Barboza*
Imagem de Capa: *Joana Fraga*
Projeto Gráfico e Diagramação: *Mauro Bufano*
Revisão: *Cristina Lourenço*
11ª Edição: *2024*
Impressão: *Lis Gráfica e Editora*

Esta obra foi editada anteriormente com o mesmo conteúdo e com outra capa.

Intelítera Editora
Rua Lucrécia Maciel, 39 - Vila Guarani
CEP 04314-130 - São Paulo - SP
(11) 2369-5277   (11) 93235-5505
intelitera.com.br | facebook.com/intelitera | instagram.com/intelitera

Dados Internacionais de Catalogação na Publicação (CIP)
(Câmara Brasileira do Livro, SP, Brasil)

Menezes, Bezerra de, 1831-1900. (Espírito).
  Recados do meu coração / Bezerra de Menezes ; [psicografado por] José Carlos De Lucca. -- São Paulo : Intelítera Editora, 2010.

  1. Espiritismo 2. Psicografia I. De Lucca, José Carlos. II. Título.

10-11589   CDD-133.93

Índices para catálogo sistemático:
  1. Mensagens psicografadas : Espiritismo   133.93

ISBN: 978-85-63808-03-5

O autor cedeu os direitos autorais desta edição para
Amigos do Bem
Instituição Nacional Contra a Fome e a Miséria
Rua Dr. Gabriel de Resende, 122 - São Paulo - SP
CNPJ 05.108.918/0001-72

Sumário

Prefácio 11
Palavras do médium 13
Recados do meu coração 15
1 - A fé traz bom ânimo 18
2 - A prece protege 19
3 - Aconselhar-se com Jesus 20
4 - Nosso socorro 21
5 - Libertação do sofrimento 22
6 - O socorro de Deus 23
7 - Mais perto de Deus 24
8 - Encontro com Jesus 25
9 - Cura espiritual 26
10 - Resposta a Jesus 27
11 - Os remédios de Jesus 28
12 - Retirar os espinhos 29
13 - Remédio para a culpa 30
14 - Silêncio e trabalho 31
15 - Colaboração ativa 32
16 - A terapia do amor 33
17 - Terreno fértil 35

18 - Nossa família	36
19 - Nossa maior riqueza	37
20 - A vitória da fé	38
21 - O salário de Deus	39
22 - Mãe terra	40
23 - Tolerância	41
24 - Um instante para Deus	42
25 - Bem sofrer e mal sofrer	43
26 - A beleza interior	45
27 - Meditar com Jesus	46
28 - Prioridade	48
29 - O convite de Jesus	50
30 - Coragem para amar	51
31 - Nossa mãe Maria Santíssima	52
32 - Libertação da mágoa	53
33 - A terapia do perdão	54
34 - A chama da esperança	56
35 - Oração em família	57
36 - Jesus está nos chamando	58
37 - Bons pensamentos	60
38 - Saúde e obsessão	62
39 - Reconciliação com os adversários	63
40 - Perdoar, perdoar, perdoar	64
41 - Mortes prematuras	65
42 - Os nossos outros filhos	67

43 - Nosso porto seguro 69
44 - Trabalhemos mais 70
45 - Distantes de Jesus 72
46 - Transição planetária 73
47 - Diante do desespero 75
48 - Nunca estamos a sós 77
49 - Perto de Jesus 79
50 - A verdadeira felicidade 80
51 - Autoestima 81
52 - Brilhe a vossa luz 83
53 - Abrir as janelas da alma 85
54 - Decididamente não vale a pena 87
55 - Ser manso e pacífico 88
56 - O desejo de Jesus 90
57 - Familiares equivocados 92
58 - Vivenciar o amor 94
59 - A importante tarefa dos pais 96
60 - A melhor escola 98
61 - Rompimento com o mal 99
62 - Antes de tudo 101
63 - Seguir os passos de Jesus 102
64 - Entrar no mundo de Jesus 103
65 - A melhor cirurgia espiritual 104
66 - Palavras às mães 106

67 - A prova do ente querido..................108
68 - Hoje é o momento 109
69 - Converse com Jesus......................111
70 - Tratamento espiritual 112
71 - A tarefa do Espiritismo..................113
72 - O valor do minuto 115
73 - Gestação sublime 117
74 - Aborto: mensagem de esperança 119
75 - Autoconhecimento 121
76 - Espiritismo sentido 123
77 - Abra o seu coração 125
78 - Prossigamos no bem 126
79 - Caridade sempre 127
80 - Caridade no lar 129
81 - Culto ao passado 131
82 - Aos jovens 132
83 - Dificuldades nas relações familiares 135
84 - Iluminação pelo amor 137
85 - Cuidado com os excessos 138
86 - Perda de pessoas amadas 140
87 - Somos seres espirituais 142
88 - Guardemos a espada 144
89 - Mensagem final...........................146

Prefácio

Fiquei honrada e feliz ao receber do querido amigo Dr. De Lucca o convite para fazer o prefácio de seu novo livro, *Recados do Meu Coração*, recebido mediunicamente pelo espírito de Dr. Bezerra de Menezes.

Muito mais feliz e serena, quando o li.

Ele retrata fielmente o que Dr. Bezerra nos traz em suas sábias e profundas mensagens. Ler este livro é sentir a emoção de estar em uma sala, sentada em uma poltrona e tendo à frente a imagem de Dr. Bezerra tecendo as mais profundas considerações sobre todos os assuntos pertinentes à vida do ser humano, suas necessidades, seus anseios, seus compromissos com os filhos, com o lar e sua responsabilidade consigo mesmo, com a vida e com Deus na observância de suas sábias leis.

Este precioso livro é mais uma pérola da concha de seus conhecimentos exarados em todos os seus livros.

Este, porém, difere totalmente dos demais.

Com a humildade que caracteriza a pessoa de Dr. De Lucca, ele se escondeu para que simplesmente Dr. Bezerra ocupasse o seu veículo mediúnico, veículo esse dos mais relevantes, para somente Ele, Dr. Bezerra, fosse o portador de tão significativas e preciosas mensagens.

Dr. De Lucca, com sua sensibilidade aguçada, sempre sob inspiração, tem nos brindado com excelentes livros da lavoura de sua espiritualidade, escrevendo-os com seu jeitinho agradável e especial, só seu, deixando a todos os seus leitores com O GOSTINHO DE QUERO MAIS...

Já não sei se direi que Dr. De Lucca é um juiz escritor ou um escritor juiz. Só sei que ele conjuga brilhantemente as duas funções.

Guiomar de Albanesi
Presidente do Centro Espírita Perseverança

Palavras do médium

Este é um livro diferente dos dez anteriores que publiquei.

Embora sempre sentisse a presença dos amigos espirituais durante o processo de elaboração de meus livros, o presente trabalho é diferente porque a atuação espiritual se mostrou mais patente, constante e direta.

Depois de lançar o livro *Minutos com Chico Xavier*, em outubro de 2009, senti a aproximação do Espírito Bezerra de Menezes, sugerindo-me trabalharmos em conjunto em um novo livro. Confesso que me surpreendi com o convite, pois não me sentia à altura da tarefa proposta. Às minhas observações, sempre tentando me esquivar do convite, Dr. Bezerra me aconselhava a me qualificar para o trabalho, com oração, disciplina e amor.

Por várias vezes tentei recuar, mesmo durante o trabalho de recepção das mensagens, porque me sentia com uma canequinha à mão diante das cascatas de luz que caíam sobre a minha cabeça. Sentia-me frustrado por não conseguir traduzir em palavras toda a riqueza espiritual que Bezerra de Menezes me transmitia. Pacientemente, porém, o Benfeitor continuava a me estimular ao trabalho, dizendo-me que ele se contentaria se eu fizesse tudo o que estivesse ao meu alcance.

E hoje apresento ao público o resultado desse trabalho que muito tem me beneficiado. Tenho certeza que eu sou a pessoa que mais necessita refletir sobre os recados que o Dr. Bezerra registrou neste livro.

Peço perdão aos meus irmãos pelas minhas falhas como homem e como médium. Esforcei-me para transmitir as mensagens da forma mais límpida possível, mas não posso deixar de reconhecer que o vaso ainda está sujo de imperfeições morais que me assinalam a personalidade egoísta e orgulhosa. Por isso, debitem as imperfeições do livro ao médium, e deixem todos os possíveis méritos da obra ao nosso Pai Espiritual, Adolfo Bezerra de Menezes, O Médico dos Pobres, a quem agradeço a paciência que tem tido comigo e a presença que me estimula a ser melhor do que tenho sido.

José Carlos De Lucca
Setembro de 2010.

Recados do meu coração

Filhos amados, no turbilhão de acontecimentos do dia a dia, peço alguns minutos da sua atenção para apresentar neste livro algo que vem do fundo do nosso coração.

São recados de pai e amigo, sempre preocupado com a felicidade dos seus filhos. É assim que sinto a todos vocês: filhos do meu coração, embora reconheça que, na verdade, todos somos filhos de Deus, nosso Pai Amantíssimo.

Minhas despretensiosas palavras neste livro são os sinceros e humildes recados que desejaria transmitir aos pedidos que nos chegam dos irmãos que se encontram na experiência física. Quando alguém derrama uma lágrima de dor, seja ela física ou moral, e nosso nome é lembrado, mesmo conhecendo o quanto ainda estamos distantes de ser o que os companheiros da Terra imaginam que já sou, sinto-me no dever cristão de atender aos que me suplicam auxílio, e faço isso em nome do nosso Mestre Jesus e de

Nossa Mãe Maria de Nazaré, porquanto neles está a nossa força, o nosso caminho, o nosso alento espiritual.

Sinceramente, este singelo livro encerra os recados que quero oferecer aos meus irmãos em muitas das situações e problemas a que sou chamado a cooperar em nome das forças celestiais. Tenho feito isso cotidianamente a vocês pelos canais da inspiração, assim como quando tenho a oportunidade de transmitir nossa palavra a outros devotados tarefeiros da mediunidade.

Mas julgamos oportuno enfeixar neste pequeno livro os recados de maneira mais organizada e direta, sobretudo para serem utilizados nos momentos em que as crises se abaterem sobre nós, porque são nesses instantes graves da jornada terrena que geralmente o homem se perde no vendaval da descrença e do pessimismo avassalador. Por isso não esperem, meus queridos amigos, alguma novidade de minha parte, alguma revelação diferente que já não tenha sido apresentada por outros Cooperadores Espirituais afinados com o pensamento espírita-cristão. Temos aqui a oferecer a cada um de vocês os remédios da esperança e do amor que extraímos do Santo Evangelho de Nosso Senhor.

Tenham certeza, meus amados, que meu coração continua cada vez mais pulsando de amor por todos vocês, e é pela felicidade de meus filhos que estou humildemente aqui nestas páginas simples, porque, reafirmando o que disse outrora, enquanto uma lágrima de dor for derramada por um filho da Terra, a minha felicidade não estará completa.

Recebam, pois, filhos da alma, os humildes recados do meu coração de pai e amigo; eles estão cheios de amor, esperança e fé. Espero, sinceramente, que o nosso correio fraterno continue cada vez mais intenso, de pensamento a pensamento, de coração a coração, sob as bênçãos de Jesus e de Maria.

Bezerra de Menezes

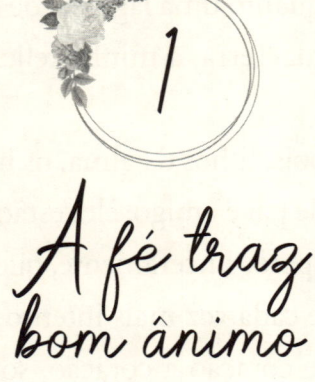

1

A fé traz bom ânimo

Amigos! Fortaleçamos a nossa fé na oração e na confiança em Deus. Nos dias em que as dificuldades se agigantarem aos nossos pés, abramos os olhos da alma para o Pai Criador, e não nos faltarão recursos para a travessia da jornada.

As pedras do caminho serão naturalmente contornadas se não perdermos a fé. Tenhamos bom ânimo, filhos, oremos constantemente e caminhemos adiante, Jesus não nos desampara.

2
A prece protege

Vamos nos dedicar mais à oração, assim como nos preocupamos com a higiene corporal diariamente. Façamos da prece o nosso escudo protetor contra o assédio do negativismo que predomina na sociedade.

A oração sincera proporciona o alimento espiritual que nos robustece as forças para a vitória que nos aguarda, se não recuarmos temerosos ante os problemas que apenas surgem em nosso caminho para desafiarem a capacidade de superação de nós mesmos.

Aconselhar-se com Jesus

Se meus filhos soubessem como Jesus aguarda a nossa oração, não perderiam mais tempo em estabelecer esse contato com o Divino Pastor de nossas almas ainda frágeis e necessitadas de orientação espiritual.

Vamos nos aconselhar com Jesus todos os dias da nossa vida. Perguntemos ao Mestre na oração o que Ele faria se estivesse em nosso lugar e escutemos a resposta na acústica de nossa consciência.

4
Nosso socorro

Somente em Deus encontraremos o refúgio para as nossas aflições. Descansemos o nosso espírito no Senhor, mas não nos esqueçamos de trabalhar pelo bem daqueles outros irmãos em sofrimento, em favor dos quais o mesmo Deus a quem pedimos socorro também espera o socorro das nossas mãos.

Enquanto estivermos secando as lágrimas de alguém que chora mais do que nós, tenhamos a certeza de que Deus enxugará as nossas também.

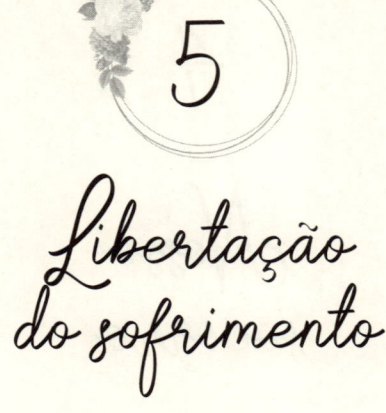

5
Libertação do sofrimento

Somente de Deus pode vir a solução para os intrincados problemas que nos envolvem em decorrência da Justiça Divina atuando em nossa consciência. Como Deus é amor, conforme nos apresentou o Evangelista João, é forçoso concluir que somente o amor tem o poder de nos libertar do sofrimento que se abateu sobre nós. Um pedaço de pão a quem passa fome na rua pode ser a porta que se abre aos canais da provisão divina atenuando nossas dores.

Jamais nos esqueçamos, filhos, das palavras libertadoras do apóstolo Pedro: "A caridade cobrirá a multidão de pecados".

O socorro de Deus

Meus amigos:

Se Deus ajuda as criaturas através das próprias criaturas, será justo pensar que, quando nos dispomos a socorrer alguém em suas aflições físicas ou morais, o socorro de Deus passará primeiramente por nós mesmos.

7

Mais perto de Deus

Não esqueçam, filhos queridos, que a oração é o telefone de acesso direto ao nosso Pai Celestial e o meio pelo qual Ele responderá às nossas súplicas, jamais nos deixando desamparados em nossas atribulações.

Inegavelmente, somos do parecer que o homem que ora está mais perto de Deus, e, portanto, em melhores condições de lutar e vencer.

Encontro com Jesus

Amigos do coração:

Quando a doença nos visitar e sentirmos nossas forças combalirem, façamos uma pausa para meditar em Jesus e na sua vitória sobre a cruz, a fim de que o desalento não acabe por minar as forças que ainda nos restam.

O Mestre virá ao nosso encontro, e novamente escutaremos sua voz amiga repetindo o que dissera outrora: "Tenho-vos dito, para que em mim tenhais paz; no mundo tereis aflições, mas tende bom ânimo, eu venci o mundo".

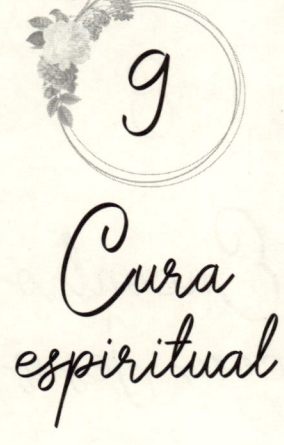

9
Cura espiritual

Toda cura espiritual é um processo de captação e assimilação das forças divinas que emanam do coração misericordioso de Nosso Senhor, de modo que a mente tomada de pensamentos de revolta, incredulidade, medo e tristeza não conseguirá sintonizar as ondas curativas que caem como cascatas de luz dos planos celestiais.

Na Terra, o enfermeiro não logrará fazer a medicação intravenosa se o paciente permanecer agitado, inquieto ou temeroso. Sem cooperação ativa do enfermo, nenhum tratamento alcançará o êxito esperado. Da mesma forma, a cura espiritual exige cooperação ativa do enfermo através da oração, da serenidade, do otimismo e da irrestrita confiança em Deus.

10
Resposta a Jesus

Filhos da alma:

Procuremos diariamente um instante de recolhimento interior, asserenemos a mente, leiamos uma página que nos relembre as lições de Nosso Mestre, e façamos uma análise de nós mesmos sobre o convite que Jesus nos formulou há mais de dois mil anos, consistente no amar ao próximo com a nós mesmos. Jesus ainda espera a nossa resposta e dela depende a felicidade que tanto procuramos. Somente precisamos dizer "sim" a Jesus, meus filhos, e isto significa dizer "sim" ao amor. O que tem nos impedido de fazer isso?

Refletir com Jesus é das mais eficientes terapias espirituais colocadas à nossa disposição.

Os remédios de Jesus

Meu irmão!

O Evangelho é ao mesmo tempo vacina que previne e remédio que cura inúmeras doenças. Mas não previne e nem cura se a medicação prescrita não for tomada. Aceitemos, o mais depressa possível, as prescrições do Sublime Amigo Jesus, consubstanciadas nos remédios do perdão, da humildade e do amor. Esses são os medicamentos preferidos do Senhor, disponíveis na farmácia do nosso coração.

12
Retirar os espinhos

Vamos nos recordar, filhos queridos, da coroa de espinhos colocada em Jesus. Aquele gesto insano e violento atesta o quanto o nosso coração está cheio de espinhos de ódio, egoísmo e orgulho. Pois bem, são esses os espinhos que nos fazem adoecer, por isso a nossa cura demanda retirarmos, tão mais urgente possível, os espinhos que temos cravados em nós mesmos através do desamor aos nossos irmãos.

Quando ferimos ao próximo, machucamos a nós mesmos.

Quando condenamos a alguém, cravamos um prego em nossa cruz de sofrimentos.

Quando solapamos a confiança alheia, colocamos a coroa de espinhos em nossa consciência.

Amados, paremos de nos ferir, de nos afundar em problemas ainda mais graves e, da mesma forma que Jesus procedeu, abramos os braços à humanidade, perdoando e amando aos que nos ferem.

Remédio para a culpa

Observamos diversos filhos queridos que se acham enfermos por se crucificarem com os pregos da culpa, fomentando doenças várias, para as quais os abnegados médicos terrenos dificilmente encontrarão a cura, enquanto o enfermo não se reabilitar perante as leis divinas, através do arrependimento sincero, da reparação de suas faltas e da humildade que cicatriza as feridas da alma.

O melhor remédio para a culpa ainda se encontra no arrependimento e na caridade, que nos absolve no tribunal da própria consciência. Somente nos perdoamos efetivamente quando nos harmonizamos com as leis da Justiça Cósmica.

14
Silêncio e trabalho

Quando o cristão se decide a viver os ensinamentos de Jesus, transformando-lhe a vida, ele não encontra mais tempo para discutir, tergiversar, criticar ou levantar polêmicas inúteis. Ele simplesmente arregaça as mangas e se põe a trabalhar incessantemente em favor do próximo, porque sabe quanto tempo já perdera em sua vida com os braços ociosos e com os lábios repletos de queixumes e reclamações.

Cristão que muito reclama está com o coração vazio do Cristo.

Avancemos na estrada do serviço útil ao nosso próximo que o Senhor prosseguirá nos sustentando os passos.

Colaboração ativa

Muitas vezes nos aproximamos de companheiros encarnados com o desejo de ampará-los em suas dores físicas e morais, mas nossas medidas socorristas não tardam em se dissipar por falta de uma colaboração mais ativa do irmão enfermo, através de pensamentos elevados e atitudes enobrecidas pelos padrões do Evangelho.

Muitos pretendem arrancar uma cura espiritual à força, mas não se forçam a mudar um centímetro sequer de suas personalidades orgulhosas e de seus mesquinhos pontos de vista.

16
A terapia do amor

O AMOR CONTINUA sendo, filhos da alma, a receita que temos a oferecer àqueles que buscam o socorro espiritual para as suas problemáticas de saúde. Por isso, podemos afirmar que:

O amor acalma e dissolve as tensões.

O amor alegra e tonifica o coração.

O amor vitaliza e fortalece as células de defesa do organismo.

O amor traz a esperança e recupera as células esgotadas.

Somente o amor dá sentido à vida e faz com que aquele que ama tenha fortes razões para continuar vivendo através da alegria em servir ao próximo. Recordemos as sábias palavras de Paulo, em sua carta aos Coríntios: "O amor tudo sofre, tudo crê, tudo espera, tudo suporta". Que excelente terapia temos às mãos, filhos, através das palavras paulinas, adequadas para todos os problemas diários. Persevemos no tratamento com os abnegados médicos da Terra e não nos esqueçamos também de nos tratar com Jesus, através da terapia do amor que tudo sofre, tudo crê, tudo espera, tudo suporta e tudo vence.

17
Terreno fértil

Amados filhos, quando a doença nos tisnar o pensamento de sombras, pensemos no amor de Jesus, revigoremo-nos nas bênçãos da prece e recuperemos nosso bem-estar íntimo no trabalho de amor ao próximo, tanto quanto as forças nos permitam, pois somente assim os mensageiros espirituais encontrarão em nós o terreno fértil para que o amor de Deus nos preencha de paz e equilíbrio.

O Socorro Divino jamais nos faltará.

Nossa família

Meus filhos, valorizemos a família consanguínea, pois ela é a porta que nos leva ao equilíbrio interior. O familiar difícil é, no mais das vezes, o irmão que nos obriga a ser mais dócil e paciente, que nos faz exercitar o perdão, que nos obriga a pensar mais nos outros do que em nós mesmos.

E não será disso o que carecemos para, definitivamente, vencermos o egoísmo e darmos um passo adiante em nossa evolução espiritual? Nosso amor ainda é uma flor por desabrochar porque geralmente busca apenas os próprios interesses. Por isso a família é a academia espiritual onde iremos realizar os primeiros exercícios de abnegação e renúncia na conquista do verdadeiro amor.

19
Nossa maior riqueza

Pensemos mais em termos de eternidade. Não busquemos afanosamente as glórias terrenas, que passam rapidamente, e, às vezes, por elas pagamos um preço demasiadamente elevado, roubando-nos a própria paz íntima.

Cuidemos com mais afinco dos únicos bens que levaremos em nossa viagem de retorno às outras dimensões do infinito. Sejamos ricos de atitudes amorosas, pois somente elas tornam a nossa vida mais feliz a partir de agora mesmo e vistam o nosso passaporte espiritual para as regiões onde habitam os espíritos felizes.

Pensemos diariamente que a vida terrena é breve, e tudo o que diz respeito a ela também é transitório. Por isso, irmãos queridos, o centro de gravidade da nossa existência precisa se posicionar naquilo que é eterno, nos bens que poderemos levar conosco após o curto estágio que realizamos no plano terreno. Recordemos as palavras do nosso Divino Pastor: "Pois que aproveita ao homem ganhar o mundo inteiro, se perder a sua alma?"

20

A vitória da fé

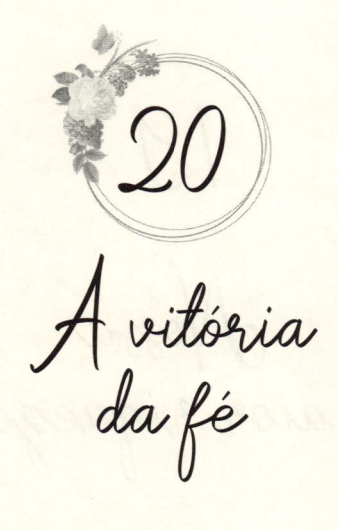

Filhos, que a nossa fé não seja uma peça de museu, com pouca ou nenhuma utilidade em nossa vida. Que não admiremos apenas os outros que, com apoio na fé viva, lograram vencer grandes desafios existenciais. Se eles venceram na fé, nós também poderemos. Não existe cristão sem fé. Se nos sentimos afeiçoados ao Cristo, mas ainda a nossa fé está longe de ter o tamanho de um grão de mostarda, ainda estamos distantes do Mestre. O cristão é um homem de fé.

Se estivermos na hora das grandes provas e testemunhos, estamos no instante preciso de testemunhar a vitória da fé. A marca do cristão é acreditar, inabalavelmente, que tudo venceremos quando Jesus for para nós não apenas uma lenda ou um personagem histórico, mas o Senhor e Mestre de nossas vidas.

Recordemos, diariamente, a pergunta de Jesus: "Por que temeis, homens de pouca fé?"

21
O salário de Deus

Nos momentos em que as crises se tornarem mais fortes, não abandonemos as nossas obrigações cotidianas a pretexto de cansaço ou fraqueza. Lutemos com todas as forças para não desertarmos dos encargos que a vida nos conferiu e continuemos trabalhando, cumprindo fielmente com as nossas tarefas habituais, pois somente assim Deus nos trará o salário do amparo para nossas aflições.

Ainda que a peso de muito sacrifício, continuemos honrando com os nossos compromissos, vossos Guias Espirituais estão na retaguarda.

22

Mãe terra

Filhos, fiquemos atentos para a necessidade urgente que o homem tem de se compenetrar sobre a importância do bem-estar ecológico. Nosso planeta está doente e precisa de cuidados intensos de todos os cidadãos planetários. Cuidemos da Terra com o mesmo zelo que temos pela nossa própria moradia.

A Terra é bendita estância de aprimoramento espiritual, possibilitando-nos experiências de progresso e redenção, resgate e quitação dos nossos equívocos do ontem. Hospital de enfermidades espirituais e escola abençoada da nossa educação moral, louvemos com amor o recanto divino onde Deus nos plantou rumo ao nosso aperfeiçoamento para Ele.

Amemos a Terra com gestos de respeito e veneração, para que possamos voltar ao seu colo acolhedor todas as vezes que, pelas vias da reencarnação, necessitarmos da bênção de recomeçar uma nova experiência.

Veneremos a Terra com o mesmo amor que dedicamos às nossas mães.

23
Tolerância

Amados filhos!

Sejamos mais tolerantes com as fraquezas alheias. Consideremos que também temos os nossos pontos vulneráveis e que, por isso mesmo, carecemos da tolerância dos outros para com as nossas falhas. A rigor, ninguém erra deliberadamente. Caímos mais por ignorância do que por maldade.

Quando alguém cair em erro, estendamos os braços em socorro do irmão equivocado, evitando a crítica que apenas o precipita a quedas ainda maiores. Lembremos que amanhã poderá ser a nossa vez de cair também.

24
Um instante para Deus

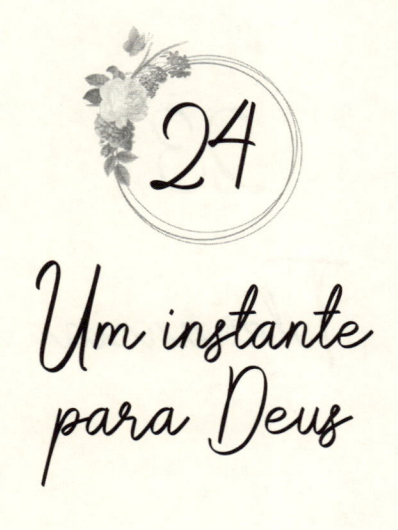

Alma querida! A fé tem sido tão escassa na atualidade porque o homem tem orado muito pouco. Quando mergulhamos no oceano do amor de Deus através da prece, um sopro divino nos envolve com tamanho vigor que, instantaneamente, nos sentimos calmos, resignados e otimistas em relação ao futuro que nos aguarda.

Muitas vezes os nossos irmãos gastam horas e horas com murmúrios e lamentações improdutivas, perdendo energias substanciosas que poderiam ser empregadas na solução das suas dificuldades, e não guardam um minuto sequer para o diálogo curativo com Deus.

A criatura que faz da oração um hábito tem as suas forças centuplicadas pela Providência Divina. Lembremo-nos, filhos, das palavras de Paulo: "Posso todas as coisas naquele que me fortalece".

25

Bem sofrer e mal sofrer

A resignação diante dos infortúnios é um dos maiores antídotos contra as doenças emocionais que tanto aturdem o homem moderno. Quase ninguém hoje admite ou aceita experimentar revezes ou contrariedades, e, a partir dessa posição de rebeldia perante a Justiça Divina, que é sábia e não se rende aos nossos caprichos, abrimos portas para inúmeros distúrbios emocionais e influenciações espirituais perturbadoras do nosso equilíbrio.

Filhos, conforme aprendemos em O Evangelho Segundo o Espiritismo, há uma grande diferença entre bem sofrer e mal sofrer. A calma e a resignação diante da dor nos fazem sofrer menos, porque entendemos a razão da nossa desdita e por isso somos consolados por Deus. É o bem sofrer. Já a insubmissão à vontade divina nos tornará impacientes e revoltados, o que agravará os nossos padecimentos por não sabermos aproveitar a experiência e tirarmos as lições necessárias ao nosso adiantamento espiritual. É o mal sofrer.

    Resignar-se perante a dor que nos visita é compreender que Deus está fazendo o melhor por nós, e que, no mais das vezes, o remédio amargo é o mais eficiente para a cura das nossas mazelas.

26
A beleza interior

O HOMEM SOFRE porque permanece retido nas malhas do egoísmo. Por isso há tanta dor em nosso planeta, cuja função se assemelha ao bisturi que permite a retirada dos excessos de orgulho. Tal qual ocorre nas cirurgias plásticas, o sofrimento remove as arestas das nossas imperfeições morais, propiciando-nos uma feição espiritual mais harmônica com as leis divinas.

O homem poderia evitar muitas dores e aflições se fosse tão cuidadoso com a sua beleza interior tanto quanto vem se preocupando atualmente com sua aparência.

27

Meditar com Jesus

Filhos, alimentemos a nossa alma com as palavras do Evangelho de Nosso Senhor. Aquele que lê e medita nos ensinos de Jesus, e faz isso de maneira constante, fortifica-se espiritualmente, adquirindo sabedoria e resistência moral para transpor quaisquer obstáculos que surjam no caminho.

Intentemos o estudo permanente da mensagem evangélica, e, se fizermos isso com amor, humildade e devotamento, lograremos atingir, ainda que de forma rudimentar, os raios emanados do incomensurável psiquismo de Jesus, sorvendo incontáveis bênçãos em nossa caminhada.

Meditar com Jesus é dialogar diretamente com o Divino Amigo de nossas vidas. E isso está acessível a todos nós, filhos amados. Jesus está cada vez mais próximo de nós, mais do que supomos. Mas será que estamos também nos aproximando dele?

É preciso pensar em Jesus, sentir Jesus, viver Jesus.

28

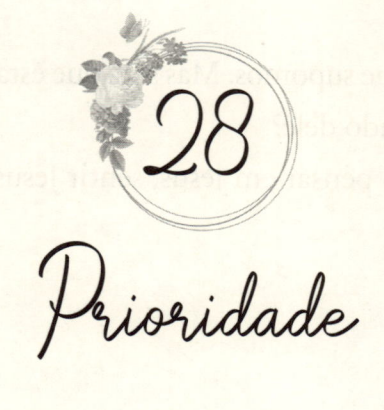

Prioridade

Jesus nos convidou a buscarmos primeiramente o Reino de Deus e a sua Justiça, e, se isso fizéssemos, tudo o mais nos seria acrescentado. Mas será que temos empreendido essa busca? Será que não estaríamos apenas buscando a felicidade das conquistas materiais, típicas de um reinado passageiro e ilusório?

Geralmente, o homem imprevidente, do ponto de vista espiritual, somente cogita de Deus quando o mundo lhe fecha todas as portas. Nessas horas, ele se parece com aquele correntista que deseja sacar recursos monetários de sua conta sem nunca ter feito qualquer depósito. Já o homem prudente edifica a sua casa sobre a rocha dos valores espirituais. O convite de Jesus é para buscarmos o Reino, primeiramente. E somente chegaremos a esse reino pelas estradas da caridade.

O homem não pode esquecer-se de depositar amor na conta corrente da sua vida.

Muitos chegam à vida espiritual como verdadeiros mendigos espirituais, embora na Terra desfrutassem de confortável condição social.

29

O convite de Jesus

Sendo da Lei Maior que o homem somente é feliz quando ama, somente recebe na medida do que generosamente oferece, é razoável pensar que tudo aquilo que pedimos a Deus devemos antes oferecer aos irmãos de jornada.

Filhos queridos, Jesus não esperou ser amado e compreendido, aceito e aplaudido pelo mundo para realizar a sua divina missão. Ele simplesmente se doou por inteiro a nós, amou-nos incondicionalmente, e não recusou a cruz por amor à humanidade.

Se confiamos em Jesus e nele depositamos a nossa esperança, guardemos a certeza de que o caminho do discípulo não será diferente do seu Mestre. Muitos irmãos oram contritos a Jesus solicitando-lhe a intercessão para os mais variados problemas que os afligem, mas a grande maioria ainda resiste ao chamado que há mais de dois mil anos o Nazareno continua nos formulando: "Vem, e segue-me".

30

Coragem para amar

Tenhamos coragem para amar. O homem tem tanta coragem para cometer agressões, injúrias, traições, crimes e tantas outras crueldades contra seu próximo, por que não poderíamos voltar a nossa coragem para o bem do semelhante? Por que somos tão tímidos quando se trata de amar o nosso semelhante?

Jesus precisa de corações valentes no bem. Foi para isso que Ele autorizou nossa reencarnação. Para que transformássemos a Terra a partir da transformação do nosso coração. Essa é a nossa missão. Escuto a indagação frequente de muitos irmãos da Terra sobre qual seria a missão que teriam a desenvolver no planeta e aqui relembramos as palavras do nosso Rabi: "Um novo mandamento vos dou: Que vos ameis uns aos outros como eu vos amei a vós; que também vós uns aos outros vos ameis". Nisso reside a nossa missão!

Jesus continua confiando em cada um de nós.

Coragem, filhos, o Mestre aguarda o nosso testemunho.

31

Nossa mãe Maria Santíssima

Em nossas preces, não nos esqueçamos de rogar o amparo espiritual de Nossa Mãe Maria Santíssima. E como precisamos, filhos da alma, de um coração materno a velar por nossos caminhos ainda tão perigosos na Terra. Diante da cruz, a Rosa Mística de Nazaré recebeu de Jesus a missão de ser mãe espiritual de todos os irmãos em experiência carnal.

Ah, se nos entregássemos com maior devotamento ao coração materno de Nossa Santíssima Mãe, seguindo-lhes os exemplos de renúncia e abnegação por amor a Jesus, muitas das nossas angústias seriam dissipadas e muitos problemas seriam evitados em nosso caminho. Observo que muitos filhos na Terra vivem como se fossem órfãos espirituais, esquecidos, porém, que têm uma Mãe que lhes vela o caminho em todos os instantes. Precisamos bater com mais insistência nas portas do coração de Nossa Senhora. Ela representa uma das maiores forças espirituais atuantes em nosso planeta.

32
Libertação da mágoa

Procuremos findar o nosso dia sem carregar mágoas no coração. Em nossas preces que antecedem o adormecer, esforcemo-nos por nos libertar de quaisquer sentimentos de antagonismo em relação aos irmãos que porventura nos tenham atacado a honra ou contrariado os nossos interesses. E, se isso nos for muito difícil, vamos nos recordar de Jesus padecendo os horrores da cruz e suplicando a Deus que perdoasse os ofensores, porque eles não sabiam o que estavam fazendo.

Com Jesus, o perdão fica mais fácil de ser vivido, porque somos compelidos a lembrar que, em outras circunstâncias, Jesus continua orando por nós mesmos quando, de nossa parte, também não sabemos o que estamos fazendo.

33

A terapia do perdão

Perdoemos, filhos, incessantemente, porque no perdão encontraremos muitas bênçãos de paz e saúde em nossa vida. Quando os médicos espirituais são chamados a atuar em benefício dos irmãos na carne, muitas vezes verificamos que a causa remota de muitas enfermidades reside em mágoas não esquecidas, em traumas não equacionados, em culpas não liberadas, em ódios vitalizados, dando formação a verdadeiros quistos psicoemocionais que acabam por desarticular as engrenagens físicas.

Nesses casos, os Espíritos não podem remover tais desarmonias íntimas à custa de um simples passe, e muitas vezes a doença se constitui no processo através do qual o enfermo, em última análise, depura-se do orgulho que o fez adoecer, se outra não tiver sido a sua conduta em favor da libertação da dor pelo amor.

Por isso, nossos irmãos possuem o bisturi do perdão, do qual Jesus tão insistentemente falou em seu Evangelho e que foi colocado nas mãos de todos aqueles que se sentem ofendidos, magoados ou culpados. Quem perdoa faz a opção pelo amor. Quem não perdoa escolhe o caminho da dor. Ambos os caminhos nos levarão infalivelmente à cura interior, mas quem ama tem a promessa do fardo leve e do jugo suave, conforme asseverou Jesus.

34

A chama da esperança

Não nos entreguemos ao desespero, filhos amados. Nenhuma dor se eterniza, mas o amor de Deus é para sempre e nos facultará um amanhã feliz. Mantenhamos viva a chama da esperança, a qual guiará nossos passos durante a noite escura e tempestuosa das expiações dolorosas. Creiamos que não tardará o amanhecer de um novo dia em que tudo se acalmará nas bênçãos de Jesus e de Nossa Senhora.

Mesmo entre lágrimas, continuemos realizando o melhor ao nosso alcance, porque o trabalho a que fomos chamados por Deus a executar, sobretudo o trabalho desinteressado em favor do próximo, se constituirá para nós no alicerce que não deixará nossa vida desabar.

Perseverem filhos, nada temam, Jesus está no leme.

35
Oração em família

Filhos, que felicidade sentimos ao ver a família reunida no lar para orar com Jesus. É uma ocasião das mais ditosas para o grupo, porque os familiares se reúnem, dialogam fraternalmente, meditam e oram com o inolvidável Mestre do Amor. Com tantos desencontros que se alastram na experiência doméstica, fomentando crimes, traumas, inimizades e ódios que se arrastarão por milênios, com graves prejuízos para a família e para a sociedade, a reunião do evangelho no lar é sublime e urgente terapêutica de amparo à família, e por isso mesmo foi recomendada por Jesus há mais de dois mil anos.

Não esqueçamos que Nosso Mestre deu início ao primeiro culto cristão na Terra na casa de Pedro, e, desde então, continua visitando os lares necessitados de luz e entendimento que lhe abram as portas através do culto do evangelho no lar.[1]

---

[1] Por sugestão do Autor Espiritual, inserimos nas páginas finais do livro o roteiro do culto do Evangelho no Lar.

36

Jesus está nos chamando

Não fechemos os olhos para a dor que campeia além do conforto do nosso lar. Enquanto nossos filhos desfrutam de alimentação farta e equilibrada de nutrientes necessários ao seu desenvolvimento sadio, muitas outras crianças sem teto e sem família buscam saciar a fome revirando as latas do lixo. Enquanto nos defendemos do frio utilizando roupas acolchoadas e cobertores que nos protegem das baixas temperaturas, muitos irmãos que vivem nas ruas em condições precárias tentam se esconder do frio em tetos improvisados e vestindo farrapos encontrados no lixo. Enquanto dispomos de assistência médica e medicação variada para as enfermidades que nos agridem, milhares de pessoas não dispõem sequer de um simples analgésico que lhes alivie uma dor qualquer.

Filhos, o sofrimento que grita lá fora é um veemente chamado de Jesus para que o nosso coração se expanda em amor além dos estreitos limites da nossa família biológica, porquanto, em última razão, pertencemos todos à grande família de Deus, e por isso mesmo devemos nos amar uns aos outros como Jesus nos ama.

Ninguém poderá dizer que nada tem a ver com o sofrimento dos outros. Ora, filhos, isso é muito fácil de dizer quando o sofrimento não é nosso. Pensemos quando for a nossa hora de padecimentos, e vejamos como gostaríamos de ser amparados por mãos amigas e benfeitoras. Façamos ao próximo o que gostaríamos que nos fizessem, esse é o mandamento divino que, uma vez seguido, equacionará todos os nossos problemas.

37
Bons pensamentos

Carecemos ter maior cuidado com os pensamentos cultivados diariamente. Não custa recordar que a ideia fixa plasma a nossa realidade exterior. Construímos nossos problemas de hoje a partir de um pensamento equivocado que se perpetuou no tempo. Tomemos com maior seriedade a advertência do Senhor quanto à necessidade da vigilância sobre nós mesmos, a fim de não cairmos na tentação das próprias inferioridades.

A nossa casa mental requer também os procedimentos de prevenção que o homem encarnado vem adotando para tornar sua moradia mais segura contra o assédio criminoso. Não desconsideremos a atuação perniciosa de espíritos infelizes que tentam, a todo custo, invadir nossa cidadela psíquica para roubar a nossa paz de espírito.

A rigor, ninguém pensa sozinho, pois sempre comungamos nossos pensamentos mais secretos com os seres espirituais que vibram em nossa faixa mental.

A vigilância se equipara a uma espécie de alarme que nos avisa sobre a necessidade de mudar a sintonia a fim de obstarmos o contágio mental vindo das sombras.

Pensar bem, meus filhos, é pensar com Jesus.

38
Saúde e obsessão

Dando prosseguimento às nossas palavras sobre a importância do pensamento reto, lembramos aos nossos irmãos de experiência carnal que, não raro, muitas enfermidades podem se originar da atuação mental de espíritos doentes que se fixaram em nossa faixa vibratória assemelhada e que emitem irradiações enfermiças capazes de afetarem o cosmo orgânico, debilitando-o.

Isso não nos leva a pensar, porém, sobre a inutilidade do tratamento médico nesses casos, porque o profissional da medicina na Terra jamais poderá ser desconsiderado em qualquer enfermidade, seja qual for a causa desta. Mas será justo também raciocinar que, sem a renovação comportamental do enfermo nas bases da terapia do Evangelho e sem o amparo espiritual que se presta nos grupos mediúnicos cristãos, dificilmente o paciente logrará a cura para as moléstias de fundo espiritual.

39
Reconciliação com os adversários

Filhos queridos, o perdão é um dos melhores preventivos contra os envolvimentos espirituais negativos. Meditemos quando Jesus se refere ao perdão na oração do Pai Nosso: "Perdoai as nossas ofensas assim como nós perdoamos a quem nos tem ofendido". Quem não perdoa assume para si a lei da vingança, e de alguma forma será atingido pela cobrança implacável das próprias faltas.

Aquele que não perdoa obsta o perdão para si mesmo, por isso torna-se presa fácil dos seus credores encarnados e desencarnados, porque ninguém na face da Terra pode se dizer limpo de todo o mal. Por isso Jesus nos pede, em regime de urgência, a reconciliação com nossos adversários, para que amanhã não nos tornemos prisioneiros das próprias culpas diante do tribunal da nossa consciência.

Os Amigos Espirituais poderiam socorrer os irmãos encarnados de forma mais ampla se o homem estivesse com o coração mais leve, se perdoasse mais, se tivesse mais benevolência com seu irmão.

40

Perdoar, perdoar, perdoar

Dando curso aos nossos pensamentos sobre o perdão, gostaríamos de acrescentar que, se o homem perdoasse mais, se fosse mais compassivo com as imperfeições alheias, as penitenciárias estariam mais vazias, os hospitais não seriam tão utilizados, o homem tomaria menos remédios, os lares viveriam com mais harmonia, e a própria vida na Terra seria bem mais fácil de ser vivida.

O perdão interrompe o ciclo de dor e sofrimento em que a criatura humana se encontra por crer mais na vingança do que no perdão. Meditemos, amigos, nas palavras de nosso Mestre: "Mete no seu lugar a tua espada, porque todos os que lançarem mão da espada à espada morrerão".

Não foi por outra razão que nosso Senhor pediu-nos que perdoássemos não apenas sete vezes, mas setenta vezes sete.

41
Mortes prematuras

Gostaríamos de formular uma palavra de esperança aos pais cujos filhos voltaram ao mundo espiritual precocemente. Conhecemos de perto a dor que os assinala, porque nós mesmos também já passamos pela mesma experiência em nossa pretérita encarnação, e sabemos o quanto a separação imprevisível atordoa o nosso coração.

Mesmo assim, pedimos aos genitores que consolem o seu coração na sabedoria de Deus, Pai de todos nós, que permitiu o regresso de nossos filhinhos ao mundo espiritual por necessidades evolutivas inadiáveis, necessidades essas que, por ora, não conseguimos aquilatar, mas que são absolutamente necessárias aos planos de progresso e felicidade que Deus preparou a eles, como também prepara a todos nós.

E quem disse, queridos paizinhos, que o retorno ao Mundo Espiritual se constitui num castigo para quem parte? Nas moradas celestiais o amor é mais puro, a felicidade é mais completa, a beleza é tão mais harmoniosa, e o espírito reencontra seres que também o amam com o mesmo devotamento dos genitores terrenos.

Sabemos que a prova da separação é bem forte para os pais, no entanto é preciso que em tudo coloquemos o amor em primeiro lugar. Se pensarmos com amor, verificaremos que nossos filhos estão em melhor situação na nova vida, e isso fará com que a nossa tristeza ceda lugar à certeza de que o ser amado está mais feliz onde se encontra, o que se constituirá para nós em júbilos de alegria e paz. O que mais deve interessar aos pais não será tanto que os filhos estejam eternamente ao seu lado, mas que se encontrem bem e felizes onde quer que estejam.

Somente na aceitação da experiência e na estrita confiança nos desígnios divinos é que os pais encontrarão forças de paz e consolo, pois saberão que os filhos não estão mortos, e que, embora fisicamente distantes, continuam nos querendo bem pelos laços invisíveis e inquebrantáveis do amor.

42
Os nossos outros filhos

Ainda pediríamos aos nossos estimados pais tangidos pela dor da separação que envidem esforços para aproveitarem a experiência dolorosa, transformando a revolta e o desespero em dádivas de luz e amor para com os outros filhos que o Senhor colocou ao nosso lado, quer os filhos biológicos que porventura ainda estejam sob nossa guarda e companhia, quer aqueles outros filhos que atravessam a experiência da orfandade e que jazem esquecidos nas ruas e nas instituições de amparo à infância desvalida.

Estes últimos são os filhos do coração que nosso Pai também fez integrar à nossa família espiritual, por isso devemos nos dedicar a eles da mesma forma que faríamos com o filho biológico que regressou à pátria espiritual e que hoje se encontra amparado carinhosamente por outros corações amigos, substituindo a ausência dos genitores terrenos. Ora, amados paizinhos, não seria uma questão de justiça também fazermos as vezes dos genitores desencarnados que não podem mais socorrer os filhinhos órfãos que ficaram na Terra?

Vejamos como a sabedoria divina nos convida a experiências mais amplas no campo da família universal. Entendemos que assim nossa dor poderá encontrar alívio, pois somente o amor é capaz de cicatrizar as feridas do coração. Quem encontra um sentido superior para o seu sofrimento transforma a dor em amor e deixa de se afligir.

43
Nosso porto seguro

Meus irmãos:

Quem abandona a prece abandona a si próprio ao vendaval das forças negativas que conspiram contra a felicidade do homem na Terra.

As trevas tudo têm feito para que o homem se esqueça de orar.

44
Trabalhemos mais

Meus filhos, insistimos muito para a necessidade do trabalho, de toda ocupação útil que nos tire o pensamento das ideias e lembranças infelizes. Como a nossa mente não conhece o futuro, porque o futuro está para ser construído, tendemos a voltar ao passado, recapitulando experiências infelizes que não podem mais ser alteradas, fixando-nos em ideias deprimentes que arrasam a nossa vida mental, dilapidando-nos energias substanciosas que amanhã nos farão muita falta.

Somente o trabalho nos desliga da fixação perturbadora com as sombras do ontem, somente o trabalho de amor ao próximo desfaz os vínculos obsessivos e dissolve o peso das preocupações. Habitualmente, nossos irmãos encarnados pedem conselhos aos guias espirituais em vista dos intrincados problemas que atravessam, e, no mais das vezes, a única recomendação que temos a fazer é para que trabalhemos mais, façamos hora extra no labor que a vida nos consagrou, sobretudo no trabalho de amor aos que sofrem mais do que nós, pois somente quem produz em favor da vida recebe da própria vida a cooperação necessária para um amanhã feliz.

Sabemos que a presente recomendação não tem qualquer nota de originalidade, todavia ainda não foi assimilada pela grande maioria dos nossos companheiros encarnados, que continua não acreditando na máxima: "Fora da caridade não há salvação".

45
Distantes de Jesus

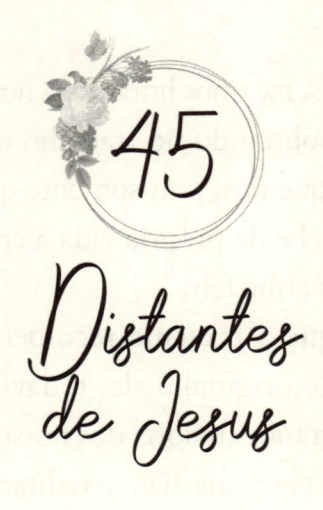

Que os nossos irmãos não se enganem quanto à necessidade que ainda temos de socorrer as misérias físicas dos que continuam passando pela prova das carências materiais. Apesar dos inegáveis avanços sociais e da melhoria da qualidade de vida da população, milhares de pessoas ainda sofrem os horrores da fome, da miséria e da doença. Quem faz pregação contra a caridade material faz tempo que não visita as comunidades carentes, os locais retirados da cidade e as ruas centrais das metrópoles, onde centenas de irmãos vivem em condições desumanas.

O ensino espiritual é, de fato, de grande valia, e não pode ser esquecido em nossas tarefas socorristas, mas como falar da vida espiritual se a criatura humana mal consegue desempenhar a vida material com um mínimo de dignidade?

O cristão que se distancia dos pobres mais pobres está mais distante de Jesus.

46
Transição planetária

Queridos filhos, nosso planeta passa por transições inadiáveis e irreversíveis, tal como a criança necessita entrar na adolescência para depois alcançar a juventude e a maturidade. O tempo caminha para a frente, e o tempo da regeneração na face da Terra já é uma realidade espiritual impostergável.

Cada transposição de fase é marcada por mudanças físicas, psicológicas e espirituais, e que vão ocorrendo de forma tão imperceptível que seria quase impossível definirmos o ponto em que uma termina e outra começa. Nosso planeta também se encontra passando pela grande transição de mundo expiatório para mundo de regeneração.

O edifício da regeneração não está pronto, mas a sua edificação está iniciada e caminha a passos firmes e seguros, de acordo com a vontade do nosso Governador planetário, o Cristo Jesus. Não creiamos, porém, em final dos tempos, cuja conceituação deve ser entendida apenas como transição para uma nova era na face da Terra, onde o amor será o esforço contínuo e consciente de cada criatura na busca do próprio aperfeiçoamento.

Ainda não será o mundo de espíritos perfeitos, mas de criaturas que já esboçam sinais claros de que a fraternidade entrou na pauta de suas vidas, que não é mais possível viver apenas pensando na própria felicidade sem se importar com a felicidade do próximo.

A Nova Era chegou, filhos amados, os portais estão abertos e todos desde há muito tempo estão sendo convidados a estes novos tempos de paz e renovação moral da humanidade. Os clarins tocam fortemente, convocando os homens de boa vontade a finalmente herdarem a Terra pelo título de servidores do Pai. Já não nos bastará o simples querer, o mero desejar, porquanto o nosso ingresso não se fará apenas com promessas vãs de amor e de transformação íntima, mas com atitudes que identifiquem a real presença do amor em nossas vidas. Carecemos de meditar nas palavras de Santo Agostinho, exaradas em O Evangelho Segundo o Espiritismo: "Não avançar é recuar, e, se o homem não estiver firme no caminho do bem, pode cair novamente em mundos de expiação".

Vamos nos manter firmes no caminho do bem, almas queridas, pois somente o bem vivenciado credencia o nosso passaporte espiritual para os mundos mais felizes.

47
Diante do desespero

Quando o nosso pranto estiver jorrando lágrimas de desespero, quando nenhuma saída avistarmos no palco de nossas dores, quando a noite escura parecer não ter fim, quando a ideia do suicídio começar a rondar os nossos pensamentos, creiamos que estejamos atravessando um momento grave em nossa vida, a exigir pronto recuo de nossa parte a fim de não darmos mais um passo sequer na trilha do derrotismo.

Sabemos que o sofrimento pode chegar às culminâncias da aflição, porém todo homem na Terra é marcado por Deus com o sinal da vitória e da resistência, por isso jamais devemos desertar do caminho em que nos encontramos, por mais graves que sejam os nossos problemas. Comumente, quando a dor atinge o seu ápice, ela tende a recuar e os problemas naturalmente vão encontrando o curso das próprias soluções. Muitos que se entregaram ao suicídio experimentam, nas regiões espirituais, amargos arrependimentos, exatamente porque constataram que, se tivessem suportado mais um pouco, se tivessem um pouco mais de resignação e confiança em Deus, teriam suplantando a prova difícil, vitoriosos.

Não nos achemos indignos de receber o amparo espiritual, porque neste momento Deus não está olhando para os nossos erros e quedas, mas sim para a nossa condição de filho amado, necessitado e merecedor de todo o carinho espiritual.

Não alimentemos a infeliz ideia de abandonar a vida, irmão querido, e falo isso não apenas em meu nome, mas em nome de muitos corações amigos que o amam e que se encontram deste lado da vida pedindo-me que eu escreva esta mensagem. Jamais se creia só. Muitas almas nobres se interessam pela sua felicidade. Tente a oração para sentir quanto amor existe por você, quantas vozes estão lhe suplicando para que abandone o pensamento de exterminar a própria vida. Mesmo porque, caro irmão, dar fim a tudo não lhe será possível, porque o suicídio extermina o corpo sem acabar com a sua vida e com os seus pesadelos, que aliás ficarão bem maiores deste lado de cá, se você regressar às regiões espirituais antes da hora em que Deus julgava oportuno.

Pondere, meu filho, se tudo nos falta, lembremo-nos de que ainda temos Deus, e quem tem Deus como Pai e Guia tem tudo para vencer a noite escura e aguardar confiante a aurora de um novo amanhecer. Oremos com mais fé, entreguemo-nos ao coração de Nossa Senhora, Mãe de todos os aflitos, continuemos marchando na execução de nossos deveres, ainda que a passos vagarosos, e confiemos que o socorro do Alto já chegou.

48
Nunca estamos a sós

Peçam ajuda, filhos meus, supliquemos, sim, forças aos Benfeitores Espirituais para suportarmos com coragem os nossos instantes de amarguras, mas não tenhamos receio de também procurar auxílio na esfera dos nossos leais amigos encarnados. Todos carecemos de apoio para vencer a crise em que nos encontramos. Não nos isolemos na dor, compartilhemos nosso pranto com um familiar ou um amigo do coração. Falar faz bem à nossa alma e ainda desanuvia os pensamentos tristes, e nos permite encontrar saídas para os problemas que nos roubam a tranquilidade.

Quantas vezes, nesses diálogos, os vossos Amigos Espirituais se encontram participando ativamente através da intuição, sugerindo mentalmente caminhos de resolução das nossas dificuldades, fortalecendo a nossa fé e aplicando-nos recursos espirituais que nos garantirão a paz durante as tempestades.

E, se nos faltar algum ombro amigo, tenhamos um livro espírita à mão e supliquemos ao Divino Amigo Jesus que nos oriente a leitura de acordo com as nossas reais necessidades, e o amor do Cristo não nos deixará sem resposta e consolação. Quem se abre para o socorro de Deus jamais fica sem amparo. Quem tem um livro espírita às mãos tem sempre um conselheiro a dialogar consigo, iluminando o seu raciocínio.

Não se permitam lutar sozinhos, filhos queridos, nos dois planos da vida encontraremos almas devotadas ao bem que nos ajudarão a diminuir o peso dos padecimentos.

Quando carregava a sua cruz, Jesus foi auxiliado na Terra por Simão, o cireneu, enquanto do coração de Deus jorravam intraduzíveis bênçãos espirituais ao Filho querido que testemunhava com a própria vida o amor na face da Terra.

49
Perto de Jesus

Jesus perguntou aos seus apóstolos: "Que diz a multidão que eu sou?" Ainda hoje a pergunta ressoa em nossos corações. Quem é Jesus para nós? Que importância Ele tem em nossa vida? O quanto observamos os seus ensinamentos? São questões de magna importância, filhos amados, pois as respostas definirão a importância que Jesus tem para nós, e a partir disso saberemos se a felicidade está perto ou distante da nossa vida.

Quanto mais longe do Mestre, mais distantes estaremos da felicidade, não da felicidade que o mundo nos promete, quase sempre assentada nas glórias passageiras e nos valores perecíveis do materialismo, mas da felicidade real que se assenta no amor e na consciência tranquila pelo dever corretamente cumprido. Se Jesus nos formulasse essa pergunta, meus filhos, que resposta teríamos a dar?

50

A verdadeira felicidade

A felicidade que Jesus nos promete é a felicidade que brota do coração de quem ama, que surge na alma daquele que trabalha pela paz, que está estampada no rosto daquele que encontrou a alegria de servir, que se mostra visível nos olhos daquele que enxerga a beleza de Deus nas coisas mais simples da vida.

Há quanto tempo, amigos, não sentimos essa felicidade? Ela está tão acessível a nós! A criatura humana muitas vezes reclama que não consegue ser feliz, mas será que isso não esteja ocorrendo pelo fato de procurarmos a felicidade onde ela não se encontra? A verdadeira felicidade é aquela que se sustenta no tempo. Se o que tanto desejamos somente nos deixa feliz por algumas poucas horas, seguindo-se anos de arrependimento, tenhamos a certeza de que muito provavelmente estamos nos sentando em um formigueiro de amarguras.

51
Autoestima

O amor ao próximo não exclui o amor que cada criatura deve sentir por si mesma. Aliás, irmãos amados, nada pode ficar excluído do amor, pois tudo no Universo é obra do amor de Nosso Pai Celestial. Ter ódio por si mesmo é estar em antagonismo com o pulsar vibratório que emana da mente divina, é se posicionar fora da ressonância do amor de Deus. Curar é sintonizar as ondas do amor divino, e o homem jamais alcançará as bênçãos espirituais se estiver amaldiçoando a si mesmo.

A criatura humana não pode permanecer psicologicamente contrária a si mesma, mas para tanto não deve se fazer inimiga de ninguém. Devemos, sim, ter um olhar de bondade para conosco, sem, contudo, cairmos no endeusamento. Cuidemos de respeitar os nossos próprios sentimentos, sem que para isso tenhamos que ferir os sentimentos alheios. Façamos valer os nossos direitos, sem que nos tornemos em violadores dos direitos do próximo.

Embora existam no mundo respeitáveis técnicas de aprimoramento da autoestima, até hoje não se viu forma mais eficiente de o homem viver bem consigo mesmo do que aquela proposta por Jesus, consistente em fazer o bem a si mesmo na pessoa do próximo.

52
Brilhe a vossa luz

O Mestre exortou a todos nós: "Brilhe a Vossa Luz!"

Quantas vezes observamos que nossos filhos estão com a luz interior apagada por conta do desânimo e da descrença. Quando oramos a Jesus, suplicando auxílio para as dores que nos excruciam a alma de amarguras, o Mestre continua nos dizendo: "Brilhe a Vossa Luz!"

Estamos sendo chamados, filhos queridos, a testemunhar o que já sabemos, assim como o estudante de medicina, depois de exaustivos aprendizados, é chamado a manusear o bisturi para testar suas habilidades, salvando vidas. A criatura humana já tem mais de dois mil anos de Evangelho, por isso agora os chamados "milagres" estão mais por conta da transformação interior de cada um do que necessariamente pela intervenção exclusiva de alguma força espiritual externa.

Até quando desejaremos que os Espíritos realizem tudo para nós? Até quando vamos ficar de joelhos implorando que Jesus nos liberte do sofrimento, se ainda permanecemos voluntariamente algemados a comportamentos infelizes, sem ao menos darmos um passo acima em favor da nossa autoiluminação?

Jesus permanece no amparo, almas queridas, mas é preciso que nos conscientizemos de que já não somos mais crianças espirituais depois de Jesus e Kardec.

53

Abrir as janelas da alma

FREQUENTEMENTE ORGANIZAMOS caravanas espirituais com o propósito de socorrer as dores físicas e morais dos que se encontram na Terra atravessando momentos graves, e não raro encontramos corações enfartados de rancor, mentes encharcadas de ódio, corpos enlameados de erotismo vulgar e línguas embalsamadas de calúnia. Também nos deparamos com mentes anestesiadas pelo pessimismo, pela falta de fé e pela total descrença na misericórdia divina. Raros são aqueles que, mesmo atravessando rudes tempestades, esperam serenamente em Deus o auxílio para as horas difíceis.

As caravanas de socorro e auxílio nem sempre logram o êxito esperado, pois as barreiras vibratórias estabelecidas pelo comportamento desalinhado de nossos irmãos nos impedem uma cooperação mais efetiva, como era do nosso desejo. Os Benfeitores Espirituais raramente encontram alguma abertura positiva no panorama psíquico dos irmãos em sofrimento, algum ponto de luz, ainda que mínimo, por meio do qual consigam derramar as energias espirituais de socorro ao corpo enfermo e de soerguimento moral à alma aflita.

Fechado em seus próprios problemas, absorto em preocupações asfixiantes, o homem veda as portas ao bem que vem de Deus ao se voltar exclusivamente para o mal que ronda os seus passos através das ondas de pessimismo, revolta, tristeza e preocupação.

Filhos, o Criador jamais se esquece da criatura, mas costumeiramente o filho se põe muito distante do Pai. Se a janela não se abre, os raios do sol não penetrarão o quarto escuro. Abrir a mente para Deus, confiando, sem receios, que, agora ou depois, tudo haverá de dar certo, tudo voltará ao equilíbrio, eis a maneira pela qual abriremos as janelas da nossa alma aos clarões do socorro que vem de Deus.

54

Decididamente não vale a pena

Revidar a ofensa.
Recusar o perdão.
Criticar sem nenhum propósito de edificar o bem.
Julgar a quem quer que seja.
Querer sempre estar com a razão.
Discutir por motivos de crença religiosa.
Rememorar insistentemente erros e fracassos.
Valorizar o mal.
Ser feliz à custa da infelicidade alheia.
Dar maior valor às coisas da Terra do que às coisas do Céu.

Sempre chegará à nossa vida, meus amigos, o dia da aferição do nosso patrimônio espiritual, e nesse dia, que não está perto e nem longe, verificaremos que, quase sempre, gastamos muito tempo de nossa vida achando que era ouro o que não passava de pedra lascada sem nenhum valor.

55

Ser manso e pacífico

Quantas doenças seriam evitadas, quantas crises no relacionamento familiar deixariam de ocorrer, quanta violência deixaria de ser praticada se o homem fosse manso e pacífico, como nos conclama o Evangelho do Senhor.

O homem precisa mesmo de muita coragem para ser brando e pacífico, pois a brutalidade e a violência são atitudes fáceis e próprias dos que se acovardam nas malhas do orgulho ferido. Nosso Mestre, envolto nas armaduras da paz e da mansuetude, vem tecendo ao longo da história a mais audaciosa revolução que já se viu no planeta Terra.

Somente no espírito de humildade o homem encontra a paz e a mansidão. Aprendamos com Jesus, filhos, o Rei Solar se apagou em humilde estrebaria. Trocou a companhia dos anjos celestiais pela rudeza de almas que lhe sacrificaram a vida. Governador planetário, submeteu-se ao poder das autoridades terrenas entregando-se em holocausto de amor. Dotado de infinita sabedoria, fez-se entender pelos mais simples e ignorantes. De coração imaculado, fez questão de procurar a companhia dos pecadores, a quem tratou com incomensurável amor.

Jamais nos esqueçamos, amigos, das palavras do Nosso Mestre pronunciadas no Sermão do Monte: "Bem-aventurados os mansos, porque eles herdarão a Terra." Feliz o homem que é brando e afável, porque sua felicidade está garantida assim na Terra como no céu.

56

O desejo de Jesus

Filhos, Jesus ainda é conosco, deixemos que as lições de Jesus penetrem a nossa alma com mais profundidade. Nossa relação com o Cristo ainda é muito superficial.

O Mestre não deseja ser um simples quadro na parede de nossa casa ou do templo de nossa fé.

Ele não quer ser lembrado apenas nos festejos da Páscoa e do Natal, mas deseja estar conosco em todos os dias da nossa vida.

Ele não quer que apenas o invoquemos quando estivermos enfrentando um grave problema. O Mestre desejaria estar antes conosco para que o grave problema fosse evitado.

Jesus almeja ter uma relação de profunda intimidade espiritual com cada um de nós. Meditemos em suas palavras tão meigas e ternas: "Vós não me escolhestes a mim, eu vos escolhi a vós e vos destinei para irdes dar frutos."

Irmãos em Cristo, quanta alegria sentimos ao saber que fomos escolhidos pelo Senhor e Dele recebemos a missão de dar frutos de amor, fé e esperança. Vivamos, doravante, como os escolhidos do Senhor.

… 57

Familiares equivocados

Que cada um de nós procure olhar o seu irmão com o mesmo bom olhar com o qual o nosso Mestre nos procura. Apesar de todos os nossos equívocos milenares, apesar de todas as nossas loucuras, Jesus continua tendo um olhar de esperança sobre nós.

O Mestre sabe que nenhuma de suas ovelhas se perderá, mesmo aquelas que hoje se encontram palmilhando as estradas do erro e da ignorância, porque nenhuma criatura está distante do olhar de Jesus e até o mais renitente infrator das leis divinas um dia se converterá em ardoroso anjo do Senhor. Nos planos de Deus, nenhuma criatura está fadada ao erro incorrigível, ao sofrimento perpétuo. As Leis divinas são justas, mas também são de amor e misericórdia.

Por isso, que os queridos paizinhos na Terra jamais percam o olhar de esperança sobre os filhos equivocados, encarcerados e presos aos vícios de toda ordem. Amanhã, eles voltarão ao equilíbrio e serão lindas flores no jardim de Deus.

Que cada companheiro do lar jamais perca o olhar de esperança sobre o cônjuge faltoso, pois logo mais ele também recuperará a lucidez e será para nós o amigo importante em nossas horas difíceis.

Meus filhos, a esperança é uma das virtudes mais importantes em nossa jornada na Terra; sem ela o homem dificilmente chegará à vitória sobre o sofrimento. Cultivemos, pois, a esperança, todos os dias, todas as horas, sabendo que, mesmo atravessando a noite escura de aflições, a aurora de um novo dia se aproxima se não desistirmos de esperar e trabalhar pelo melhor.

58
Vivenciar o amor

Amigos, tenhamos sempre presente em nossos pensamentos o motivo pelo qual estamos jornadeando no bendito planeta Terra. Que cada um se conscientize que está numa excursão de aprendizado espiritual, passando por estágios práticos das lições que já conhecemos intelectualmente.

Já possuímos algumas noções de que o amor é bom, mas agora temos a oportunidade na Terra de o vivenciarmos para compreendermos definitivamente que o amor, se faz bem a quem é amado, mais bem faz a quem tem o privilégio de amar. Essa compreensão pressupõe sentirmos o amor, e não apenas sabê-lo dos livros. Por isso, Deus nos fez renascer entre pessoas que nos amam, mas também entre pessoas que precisam sentir o nosso amor.

Lamentavelmente, porém, em regra fugimos das pessoas que nos são difíceis, cujas presenças nos desagradam, justamente elas que carecem do nosso amor. E passamos a viver ilusoriamente apenas ao lado daqueles que nos tratam bem. E assim acabamos perdendo sublimes oportunidades de crescimento espiritual, valiosas experiências em que o amor poderia entrar na pauta de nossas vidas e encher o nosso espírito das alegrias intraduzíveis que somente quem ama pode conhecer.

Não rejeitemos mais, filhos queridos, as oportunidades que o Senhor nos envia para amarmos os que não são amados, amarmos os ingratos, os que nos ferem, os que não nos compreendem, a fim de que a nossa encarnação não se perca na ilusão de querermos o amor somente para nós mesmos.

Lembremos sempre de Nosso Mestre. Para amar a humanidade, Jesus morreu de braços abertos na cruz.

59

A importante tarefa dos pais

A educação no lar continua sendo a mais eficiente pedagogia de amparo às crianças. Que os pais não releguem essa sublime tarefa para as escolas do mundo, porque, sabidamente, a educação meramente intelectual dificilmente consegue alcançar o cerne espiritual da criatura humana. Equações matemáticas não logram atingir o coração da criança e do jovem, aformoseando-o aos princípios da ética e do amor.

Somente na intimidade doméstica os pais conseguirão, com esforço e perseverança, oferecer os alicerces morais para os filhos que, em última análise, são espíritos reencetando uma nova experiência reencarnatória. São crianças com um passado de luz e sombras, e que agora desfrutam de uma nova oportunidade para reeducarem suas almas dentro do equilíbrio entre o amor e a razão. Não custa reafirmar o milenar conceito de que os pais são os primeiros e os mais importantes educadores da criança.

Por conta dessa responsabilidade, os pais também devem velar pela educação religiosa dos filhos. É na família que a criança ouvirá ser pronunciada pela primeira vez a palavra Deus. E quão pouco os pais têm falado de Deus ultimamente, quão pouco têm apresentado aos filhos os ensinamentos de Jesus. Mais tarde, quando os jovens estiverem mergulhados numa sociedade que vive tormentosa crise de valores ético-morais, quando os mercadores de drogas ganharem a mente de nossos filhos, vazia de princípios espirituais, aí haveremos de lamentar o tempo que não nos dispusemos a orar ao lado deles, a falar-lhes de Jesus, a revelar-lhes as leis espirituais que regem a vida, preenchendo suas mentes e corações com valores que lhes seriam fundamentais a um comportamento pautado no equilíbrio e na responsabilidade.

Os pais, que tanto investem na educação intelectual dos filhos, precisariam se dar conta que de nada vale uma cabeça hipertrofiada de conhecimentos se o coração estiver vazio de amor. É o coração que ilumina o nosso raciocínio. Por isso, o Evangelho de Jesus é a melhor terapêutica disponível para a formação da inteligência emocional dos nossos filhos.

A Terra se transformaria rapidamente num mundo feliz se os ensinamentos de Jesus recebessem maior atenção dos pais na vida em família.

60

A melhor escola

Eduquemos os nossos filhos na base da disciplina amorosa. O amor sem disciplina quase sempre conduz a criança à irresponsabilidade perante a vida. Ninguém é capaz de criar novos hábitos sem que tenha a disciplina por companheira. Porém, a disciplina sem amor mais se assemelha a um processo perverso que reprime sem educar, sem criar a consciência da criatura para discernir entre aquilo que ela pode e aquilo que lhe convém.

Conjugando disciplina e amor, os pais terão a melhor pedagogia em suas mãos para a educação dos filhos. E que os nossos pais não se esqueçam que o lar continua sendo a melhor escola do mundo e que o exemplo que dão aos filhos é a mais eficiente técnica de aprendizado. Por isso, nenhuma missão fora do lar pode ser mais importante para os pais do que a sublime tarefa que realizam na intimidade do lar.

61
Rompimento com o mal

Alma querida, quando o sofrimento bater à nossa porta, procuremos nos afastar o quanto antes de qualquer sentimento de revolta e meditemos com maior largueza sobre a sabedoria das leis divinas. Não pensemos que Deus esteja distribuindo castigos e punições às criaturas que não lhe observam os mandamentos. O homem sofre por sua própria incúria, por seu distanciamento dos roteiros de luz que Jesus estabeleceu em seu Evangelho.

A dor é advertência desse distanciamento, ao mesmo tempo em que representa um convite para que a criatura retorne ao caminho do amor e do entendimento, do qual se afastou para atravessar a porta larga das ilusões do mundo.

A Parábola do Filho Pródigo simboliza o retorno que a cada um de nós se possibilita pelos caminhos do arrependimento e da transformação interior. Mas quão poucos querem mudar de vida, quão poucos se arrependem efetivamente. A grande maioria ainda penetra os templos religiosos em busca de ajuda, permanecendo, porém, atada a comportamentos doentios. Querem alívio para suas dores, mas não desejam extirpar o tumor de suas ulcerações morais.

Filhos amados, somente o amor nos devolve ao caminho da felicidade. Por que continuar elegendo o sofrimento quando se tem a opção pela felicidade? Vejamos quanto sofrimento desnecessário ainda carregamos dentro de nós, quanto desamor está nos aniquilando a existência. Então, façamos como o filho pródigo que, depois de tanto sofrer, se arrepende de ter trilhado os caminhos de ilusões e retorna ao lar onde o Pai o acolhe de braços abertos. Mudemos de rumo o quanto antes a fim de desfrutarmos das alegrias que o Senhor prometeu àqueles que regressassem aos braços de Deus.

Todos aqueles que foram beneficiados pelas curas de Jesus passaram por um processo de conversão interior. Romperam com o mal e assumiram o bem como diretriz de vida. Nisso reside, filhos meus, o processo de libertação do sofrimento, o que explica o motivo pelo qual nosso Mestre afirmou que não veio trazer paz, mas a espada. É com a espada do conhecimento espiritual que nós nos desvinculamos das sombras pela opção consciente da luz.

62
Antes de tudo

Antes de reclamar de algum prejuízo, experimentemos o remédio da oração para agradecermos a Deus as incontáveis bênçãos que já se derramaram em nós.

Antes de amaldiçoar a situação, tentemos entender os justos desígnios divinos pelos canais da prece.

Antes de qualquer revide, vamos estacionar na oração silenciosa, para que não nos transformemos em agentes da agressão.

Filhos, antes de qualquer atitude insana, recorramos à oração, para que o desequilíbrio se afaste de nós o mais depressa possível e não nos precipite em problemas ainda mais graves.

Um minuto de prece pode evitar séculos de sofrimento.

63

Seguir os passos de Jesus

Queridos filhos:
Jesus se apresentou à humanidade como sendo o Caminho, a Verdade e a Vida. Por isso, haveremos de concluir que, se nossos caminhos hoje são tortuosos, é provável que não estejamos seguindo as trilhas do Mestre. Se estivermos envoltos em desilusões constantes, talvez seja de se concluir que estamos longe das verdades do Evangelho. E, se não encontramos até agora nenhum motivo para viver, certamente é porque estamos distantes da prática da caridade que Jesus nos ensinou.

Apesar dessas amargas constatações, estejamos convencidos de que o Caminho, a Verdade e a Vida continuam acessíveis a todos nós pelas portas do coração que se decida a amar, entender e servir.

64

Entrar no mundo de Jesus

Meus amigos, ontem como hoje, Jesus continua formulando o convite do "Vinde a mim". A maioria de nós, porém, continua esperando por Jesus, quando o convite que Ele nos formula é claro: "Vinde a mim". É preciso ir até Jesus, e isso quer dizer, em simples palavras, que é preciso que a criatura humana se eleve, busque a sua ascensão espiritual e não se acomode no mero desfrute dos bens materiais e numa vida religiosa de fachada.

Não queiramos trazer Jesus para o nosso mundo, antes procuremos entrar no mundo de Jesus. "Meu Reino não é deste mundo", Ele já afirmara tal condição há mais de dois mil anos, muito embora a criatura humana pretenda que o céu baixe à Terra, quando na verdade Jesus nos convida a elevarmos a Terra aos planos do céu.

65

A melhor cirurgia espiritual

Que meus filhos não se enganem: a melhor cirurgia espiritual que o Alto nos pode conceder é a cirurgia moral que os ensinamentos do Cristo nos proporcionam. A maior parte das doenças na Terra é pura falta de vivência dos ensinamentos do Mestre. Nossa maior doença é mesmo a hipertrofia do ego, e a caridade é o melhor remédio para esse terrível mal.

O homem ainda se ilude muito com a matéria física que o envolve, acreditando que somos apenas o corpo que vestimos. O Espiritismo cura a nossa deficiência visual ao nos mostrar que somos espíritos momentaneamente revestidos de um corpo carnal, de uma veste transitória que não tem vida sem a presença do espírito.

Daí porque os nossos melhores investimentos no campo da saúde devem se voltar para a elevação da nossa alma através da elevação dos pensamentos e das atitudes. O pensamento fixo no bem bombeia elementos químicos poderosos para a harmonia do corpo físico. A ação caridosa, quando perseverante e desinteressada, irriga o nosso corpo com as mais elevadas energias geradoras do bem-estar e da saúde integral. Quando o homem vive os ensinamentos de Jesus, ele está se autocirurgiando espiritualmente todos os dias, prevenindo-se de muitas moléstias que lhe custariam dores e lágrimas.

Não estamos querendo afirmar que a criatura humana deve ser desleixada com o corpo carnal, ignorando os cuidados que precisa tomar no campo da preservação do maquinário físico, mas que não pode esquecer que é o espírito quem dá vida à matéria e que, portanto, precisa cuidar com mais atenção das causas do que das consequências.

66
Palavras às mães

Gostaríamos de registrar uma palavra de apoio espiritual às mães queridas que se encontram com as responsabilidades duplicadas no lar pela ausência de seus companheiros. Bem sabemos das enormes dificuldades que vos assinalam a existência, acumulando as tarefas de pai e mãe, no entanto tenhamos a certeza de que Jesus e Nossa Mãe Santíssima têm especial devotamento por vossas famílias, suprindo a ausência paterna com recursos espirituais de sustento e paz.

Com fé em Deus, filhas amadas, jamais vos faltarão o pão que alimenta o corpo e a esperança que sacia a alma de luz e entendimento, paciência e resignação. Jamais se digam abandonadas ou esquecidas, porque o amor de Jesus é tão magnânimo que, nas noites de angústia, quando o desespero invade a nossa alma, antes mesmo de derramarmos uma lágrima, o Mestre já se encontra ao nosso lado com os lenços do amor a nos enxugar o pranto, fortalecendo o nosso ânimo na solução dos problemas que nos atordoam.

Coragem, filhas, temos ainda o amparo de Nossa Mãe Maria, que enviará suas legionárias para a defesa e o amparo de nossos lares. Orem com mais frequência no reduto doméstico para que as bênçãos espirituais inundem a família dos recursos de amparo e amor, e nada, absolutamente nada, lhes faltará para a educação dos filhos e o sustento da família.

Perdoem o esposo faltoso, o marido ausente, orem por ele, não alimentem mágoas e rancores, porque tais estados d'alma nos prendem a vibrações perturbadoras que nos fazem adoecer e ainda embaraçam nossos passos na direção do bem que merecemos alcançar apesar das provas que nos assinalam a existência. Bendigamos a Deus, que estamos nós reparando erros passados através da luta e do trabalho, enquanto outros estão se comprometendo na deserção dos deveres sagrados para com a família, o que lhes custará mais tarde muitas lágrimas de arrependimento.

Filhas, com Jesus e Maria em nossa mente e coração, venceremos a prova.

67

A prova do ente querido

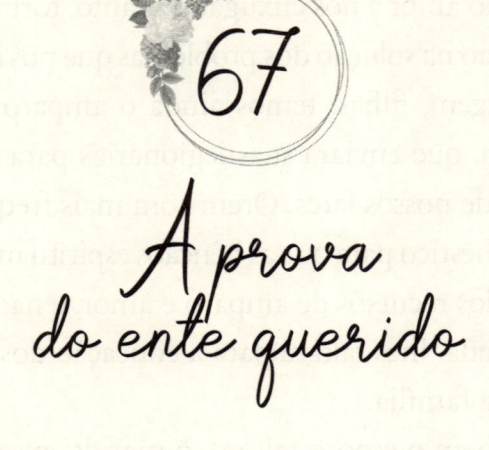

Não nos aflijamos em demasia pela prova que visita o ente querido ou o amigo do coração. Não nos sobrecarreguemos com excesso de preocupações, pondo em risco a saúde e a tranquilidade íntima. Ninguém consegue ser eficiente colaborador demonstrando intranquilidade e aflição. Ofereçamos a nossa paz em favor do companheiro em provas, e, se porventura a paz também nos faltar, recorramos em oração ao Divino Amigo, recordando sua promessa: "A minha paz vos dou".

68
Hoje é o momento

Evitemos estacionar a mente em assuntos que necessitam ser esquecidos. A mente fixada em lembranças amargas equivale a obstáculos que o homem coloca para impedir o trânsito em determinadas ruas e rodovias. Quem se detém no passado não avança na direção do futuro promissor que o aguarda. As energias divinas que o Pai nos proporciona diariamente devem ser direcionadas para as realizações do hoje e não para a lamentação improdutiva diante dos insucessos de ontem. Quem vive colecionando queixas e lamentações está predispondo o corpo a doenças pertinazes. Por isso, é melhor pensar assim:

Se ontem nos equivocamos, hoje é o momento de corrigir e acertar.

Se ontem fomos ofendidos, hoje é o ensejo de perdoar.

Se ontem nos iludimos, hoje é o momento de conhecer a verdade.

Se ontem fracassamos, hoje é o momento de preparar novo tentame rumo à vitória.

Se ontem fomos mesquinhos, hoje é a oportunidade de experimentarmos a generosidade.

Se ontem o nosso coração estava fechado pelo rancor, hoje é a hora de abri-lo ao amor.

Filhos, não pensem que estou fazendo simples sermão espiritual, estou escrevendo estas linhas na condição de médico que hoje detém maior possibilidade de análise das verdadeiras causas das enfermidades. Muitas doenças são reflexos da mente que não quer se libertar das amarras do passado, fixando-se em culpas, mágoas e desilusões que lhe desequilibram fortemente o cosmo orgânico. Por isso, meditemos nas palavras do Mestre: "A cada dia basta a sua preocupação", significando para nós que somente hoje poderemos viver a nossa vida, somente vivendo o tempo presente haveremos de resgatar a saúde perdida, e que toda a preocupação com o passado somente trará nuvens escuras encobrindo os raios do sol que hoje quer brilhar em nosso caminho.

69
Converse com Jesus

Meus amigos, uma prece sincera a Jesus é uma grande porta que se abre em favor da nossa cura espiritual. Quando a doença nos inquietar, façamos uma pausa para o nosso encontro com o Divino Médico. Conversemos com o Mestre expondo as nossas dificuldades e aceitemos as diretrizes que Ele nos propõe em seu Evangelho.

Não sejamos como aquele paciente rebelde que vai ao médico e não lhe segue as recomendações. Não é a visita ao médico que nos cura, é tomar-lhe as prescrições à risca. O que cura é o Evangelho sentido e vivido. Lembremos da advertência de Jesus: "Nem todo o que me diz Senhor, Senhor! entrará no reino dos céus, mas aquele que faz a vontade de meu Pai, que está nos céus".

Nossa cura interior depende de realizarmos a vontade que Deus tem para cada um de nós. Fazer a vontade de Deus é o melhor caminho da saúde e da paz em nossa existência.

70
Tratamento espiritual

Filhos, não desprezeis a atuação dos médicos encarnados sob o enganoso pretexto de que se encontram em tratamento de ordem espiritual. Saibam que os médicos espirituais trabalham em conjunto com os abnegados médicos encarnados, muitas vezes inspirando-os ao diagnóstico adequado e ao tratamento devido.

Os médicos da Terra também atuam em nome de Jesus. Os Benfeitores Espirituais não estão escondidos nos templos da nossa fé, eles visitam com habitualidade os consultórios médicos e cooperam ativamente em nosso tratamento, sobretudo quando o médico é humilde e quando o paciente ora e tem fé.

Irmãos, jamais desprezemos a medicina terrena, porque os médicos são os primeiros médiuns da nossa cura.

71

A tarefa do Espiritismo

Queridos, que o nosso interesse pelo Espiritismo não se restrinja à simples visita semanal ao templo espírita para o socorro do passe. Isso equivaleria a estarmos em uma universidade e permanecermos apenas à porta da sala de aula.

Que não procuremos o Espiritismo para sabermos quem fomos em vidas pregressas, mas para conhecermos quem temos sido na atual experiência.

Que o nosso interesse pela Doutrina Espírita não se circunscreva às chamadas cirurgias espirituais, mas que também estejamos dispostos a nos submeter ao bisturi do Evangelho.

Que a nossa frequência ao grupo espírita não se dê apenas em busca de mensagens dos familiares desencarnados, mas que também estejamos interessados em viver fraternalmente ao lado dos familiares que ainda partilham conosco da experiência física.

Que o nosso contato com a Celeste Doutrina não se volte apenas para ouvirmos os conselhos dos bons espíritos, mas que estejamos dispostos a estudar o Espiritismo a fim de que, por nós mesmos, saibamos distinguir entre o que podemos e o que nos convém fazer em nossa vida.

Espiritismo não é apenas uma porta que se abre para o além, é também, e principalmente, a estrada que se abre para o nosso progresso e felicidade aqui na Terra mesmo.

72
O valor do minuto

Cada minuto da nossa vida é um instante precioso demais para ser desprezado. É um diálogo que se prolonga desnecessariamente. É o pensamento vago que se perde no tempo. É o banho que avança além do razoável. É a queixa desnecessária. A reclamação indevida. A discussão que poderia ser evitada. As lembranças amargas que insistimos em cultivar. As mágoas que não desistimos de recordar. A crítica maldosa que fazemos questão de patentear. A maledicência que poderíamos evitar. O tempo excessivamente gasto na compra de coisas supérfluas.

Quase ninguém valoriza o minuto, e assim vamos perdendo inutilmente, de minuto em minuto, pelo menos uma hora por dia. Num mês são trinta horas perdidas. No ano, teremos desprezado 360 horas sem nenhum proveito para nós. Quem vive em média setenta anos perderá 25.200 horas, que equivalem a 1.050 dias, quase três anos da sua existência.

Curioso constatar, meus filhos, é que muitos espíritos chegam deste lado da vida em precárias condições espirituais porque não aproveitaram a oportunidade da reencarnação, e geralmente quase todos reclamam que não tiveram tempo suficiente para realizar aquilo que deveriam fazer em favor da própria felicidade.

73
Gestação sublime

A você, **querida mãezinha,** que pensa na possibilidade de cometer o aborto, pedimos encarecidamente que reveja as próprias intenções a fim de não ver agravado o quadro de amarguras que hoje a envolve. O aborto é um ato de violência contra um ser indefeso, catalogado pelos códigos celestes como crime hediondo, que não resolve problema algum em nosso caminho, antes aumenta consideravelmente a carga de aflições daquele que o pratica.

Como as leis divinas se acham esculpidas em nossa consciência, todo ato de violência acaba repercutindo primeiramente em quem a comete, que passará a sofrer, no corpo e na alma, as consequências negativas do desequilíbrio consciencial.

Além do mais, o aborto não nos livra da presença do espírito expulso do ventre materno. Não raro, o espírito abortado, que se tornaria no futuro em benfeitor da mãe e do próprio núcleo familiar, converte-se, pelo aborto de que foi vítima indefesa, em inimigo ferrenho daqueles que lhe impediram o renascimento na carne, cuja reencarnação lhe traria valiosas oportunidades de progresso e paz. Frustrado em seu desejo de renascer e progredir, revolta-se e passa a perseguir os que lhe negaram a oportunidade de ser feliz dando margem a obsessões graves, de tratamento longo e laborioso, com repercussões na saúde fisiopsíquica da mulher, que lhe custará longos períodos de tratamento.

Portanto, mãezinha, mesmo que a gestação nos imponha pesados sacrifícios, será sempre preferível levá-la a bom termo, porque o amor sempre é o responsável pelos maiores benefícios que conquistamos em nossa vida, enquanto o egoísmo é a escada fácil de acesso a tudo o quanto ocorre de mal em nossa jornada.

Experimente o amor, abençoada mãe, nada tema, Jesus é conosco quando nos decidimos a amar. A gestação, quando bem compreendida e vivida, traduz-se num dos momentos de maior elevação espiritual que a mulher experimenta em sua jornada terrena. Não esqueça, filha, que Nossa Mãe Santíssima se incumbe de lhe guiar os passos na senda da sublime gestação, Ela que tão bem soube servir a Deus recebendo o Cristo em seu ventre, passando pelos mais graves perigos e dando os mais excelsos testemunhos de amor e abnegação em favor da família humana. Maria é por você, mulher, siga-lhe os passos, imite-lhe os exemplos de coragem e abnegação e assim você sairá vencedora deste mundo como a mulher valorosa que soube dignificar a vida em detrimento daquelas que sofrem por não terem optado pelo amor como a melhor solução para suas vidas.

74
Aborto: mensagem de esperança

Gostaríamos agora de dirigir a nossa mensagem amiga àquelas companheiras que, ao lerem as nossas palavras sobre o aborto, sentiram a consciência estremecida. Deparar-se com a verdade sobre nós mesmos é algo mesmo muito difícil, pois frequentemente nos iludimos a nosso próprio respeito, acreditando que somos o que de fato ainda é apenas simples aparência. Por isso se costuma dizer que a verdade é um espelho que retrata fielmente o que somos, sem distorções, retoques ou máscaras.

Mas somente assim, tendo uma ideia precisa sobre nós mesmos, é que poderemos transformar o que não nos agrada, o que nos faz sofrer. Não estamos com pedras na mão para emitir qualquer julgamento de nossa parte. Queremos apenas ajudá-la a não sofrer mais, a não se equivocar outra vez. E aqui ressoam em nossas lembranças as palavras amorosas de Jesus dirigidas à mulher surpreendida em adultério: "Vá e não voltes a pecar". A mensagem de Jesus continua ecoando pela Terra, filha querida, e hoje chega ao seu coração sofrido, enxugando-lhe o pranto e traçando novas diretrizes ao seu proceder.

Se ontem lhe faltou amor, hoje o amor pode retornar aos seus braços no socorro que possa dispensar às milhares de crianças que vivem no mundo sem nunca terem experimentado um carinho de mãe.

Se ontem o egoísmo foi mais forte, hoje a caridade pode falar mais alto, através do prato de comida à criança faminta, do agasalho que a defende do frio, do livro que a tira da ignorância, do afeto que lhe mata a fome de amor, da companhia que ameniza as dores da solidão.

Ah, filha minha, quantos braços infantis se estendem a você nos dias frios do inverno, nas horas que custam a passar nos orfanatos, quantos corações pequeninos necessitados de um lar.

Troquemos nossas lágrimas de dor pelo suor da caridade. Troquemos a dor pelo amor, e assim nossa alma encontrará descanso e paz, refazendo-se perante a própria consciência e habilitando-se a novos compromissos maternais, nesta ou em outra encarnação.

75
Autoconhecimento

Tenham bom ânimo, meus filhos, não há dor que se eternize, não há problema sem solução. Toda dor demanda tempo para ser equacionada, geralmente o tempo necessário ao nosso aprendizado e transformação. Se a dor ainda não se retirou, é porque ainda não logramos o aprendizado necessário, nem soubemos corrigir o mal que ainda há em nós e que hoje nos faz sofrer.

Carecemos de melhor estudo de nós mesmos, no autoconhecimento está a chave que nos liberta do mal que entrou em nós e aí permaneceu por uma questão de simples sintonia.

Precisamos cuidar mais de nossa vida íntima, harmonizar os nossos sentimentos, equilibrar o nosso raciocínio, enxergar sem maldade, ouvir sem as distorções causadas por nossos próprios conflitos. Há tanto a fazer em nosso mundo interno que, por vezes, nos indagamos como o homem ainda é capaz de viver tão distraído de si mesmo.

Sigamos religiosamente o conselho de Santo Agostinho, exarado em O Livro dos Espíritos, e interroguemos a nossa consciência, ao fim de cada dia, sobre o bem e o mal que houvermos praticado, pois somente assim, numa análise rigorosa de nós mesmos, haveremos de conhecer a parcela árida de nosso ser que nos vincula ao mal e nos faz sofrer, e que por isso merece todo esforço de nossa parte para irrigá-la com o amor que vem do Cristo.

76
Espiritismo sentido

Vamos nos esforçar, queridos filhos, para que o conhecimento espírita não seja apenas uma postura intelectual sem repercussões na esfera dos nossos sentimentos. Já fomos advertidos por Allan Kardec que não nos basta o Espiritismo bem compreendido, é preciso, sobretudo, que o Espiritismo seja bem sentido. De que nos valeria apenas conhecer a doutrina sem tentar vivê-la no campo de serviço que o Senhor nos situou?

É verdade que o Espiritismo precisa ser estudado, mas o que temos notado deste lado da vida é que boa parte dos nossos irmãos espíritas aqui chega ostentando muitas informações doutrinárias, mas ainda carregando enormes dificuldades no campo emocional, sobretudo no terreno da convivência com seu irmão. E essa é uma realidade que já se descortina quando analisamos o comportamento dos nossos amigos encarnados, desde aquele que se estabelece no âmbito dos relacionamentos nem sempre fraternos com os companheiros do grupo espírita, até nas relações quase sempre conflituosas no âmbito da família e do trabalho.

Precisamos avançar, filhos, para o Espiritismo bem sentido, como nos aconselhou Allan Kardec, e isso somente será possível quando o amor for a tônica das nossas atitudes. Os sentimentos nobres devem se sobrepor aos instintos, o homem espiritual deve governar o homem carnal. Para tanto, somos forçados a concluir, sem nenhum propósito de ferir nossos companheiros tão valorosos, que nós espíritas estamos precisando mais do que nunca é de vivência do Evangelho. Nossos irmãos nos pedem muitas vezes alguma revelação nova sobre o nosso destino espiritual, mas o que temos a dizer é que o Evangelho do Mestre, escrito há mais de dois mil anos, continua sendo uma novidade para muitos de nós.

O cristão que não se esforça para imitar o Cristo está caminhando para um céu artificial que o tempo haverá de destruir à custa de dor e lágrimas de remorso por ter estado tão perto do tesouro e não ter se apossado das joias.

77
Abra o seu coração

Filho amado, ouve a gritaria lá fora, a multidão se exaspera em gritos de revolta e desespero. Os espinhos do egoísmo se transformaram em taças de amargura que ora transbordam em lágrimas de aflição. Milhares de almas se espremem nos labirintos da dor em busca de uma porta que lhes permita ao menos enxergar a estrada da esperança.

Dá de ti mesmo a essas almas, filho, vá ao encontro da dor para que a dor não o encontre deitado nos braços da inércia e do individualismo. Abra o seu coração, fale de Jesus, viva e pregue o amor aos seus irmãos em sofrimento, é por eles que você está na Terra em regime de reparação de faltas graves do passado. Saiba que eles o enxergam mais do que a nós, eles o escutam mais do que imagina, e eles se converterão aos seus testemunhos de amor e abnegação muito mais do que pela eloquência das suas palavras.

E quando amanhã chegar a sua hora amarga, encontrará a bênção do Senhor levantando o seu coração e reerguendo a sua paz pelas páginas de amor cristão que escreveste com os próprios exemplos.

78

Prossigamos no bem

Filho, avancemos na tarefa sem receios ou preocupações.

A obra pertence a Jesus, e com Ele caminharemos em clima de segurança. Não nos esqueçamos de que o Cristo é a videira e nós somos apenas os ramos. Se estivermos com o coração em Jesus, nada impedirá o nosso progresso.

Ânimo, perseverança e disciplina estão na base do êxito de nossas realizações. Prossigamos no bem. Os Guias Espirituais estão no amparo constante.

79
Caridade sempre

No lema "Fora da Caridade não há salvação" encontraremos a diretriz segura para todos os instantes em que a dúvida e a incerteza se abaterem sobre o nosso espírito. Quem se aconselha com a caridade e lhe ouve a voz jamais se equivoca quanto ao melhor caminho a seguir. A caridade nos aponta o que nos convém fazer, o que quase sempre difere daquilo que gostaríamos de fazer.

Caridade sempre, filhos. Caridade no olhar, caridade no ouvir, caridade na palavra, caridade nos gestos. Na caridade sincera e permanente está a nossa salvação. Que nossos irmãos espíritas não se percam em discussões inúteis, porque, enquanto se voltam a polêmicas estéreis, o Cristo está sozinho nos pantanais de aflição e dor socorrendo a multidão esfaimada de luz.

Ah, filhos, não deixemos o Cristo mais uma vez sozinho na cruz!

A caridade deve ser o esporte preferido do cristão. Sem o exercício constante da caridade, o cristão costuma sair de forma, adquire excesso de peso espiritual e mais tarde a perturbação obsessiva o obrigará a um regime drástico de egoísmo.

80
Caridade no lar

Meus amados, não nos esqueçamos de iniciar o treino da caridade dentro do próprio lar. Há irmãos que são campeões da caridade fora de casa, mas que ainda não iniciaram os menores gestos fraternos junto aos companheiros do núcleo familiar.

Em família, a caridade esperada não é a de um pedaço de pão, de um agasalho ou de qualquer outro bem material.

A caridade em casa é a caridade da palavra positiva quando tudo parece conspirar contra a nossa felicidade.

É a caridade da paciência quando o cônjuge está mal-humorado.

É a caridade do perdão quando o familiar não corresponde às nossas expectativas.

É a caridade do silêncio quando a gritaria se instalar no reduto doméstico.

É a caridade da alegria quando a tristeza fizer morada em nossa casa. É a caridade do exemplo diante de tantos comportamentos deprimentes que a sociedade aplaude sem nenhum crivo de razão.

Tenhamos a certeza, filhos, que todas as vezes que a caridade se fizer presente em nossa casa, nosso Mestre e Senhor estará bem mais próximo da família pelas portas do nosso coração. Quando se vive a caridade no lar, Jesus não estará apenas nos quadros e crucifixos pendurados nas paredes; Ele será presença viva no seio da família, integrando o núcleo familiar como irmão maior condutor de nossas vidas.

81
Culto ao passado

Meus amigos, notamos deste lado da vida que muitos irmãos há tempos continuam chorando pelo passado que se foi, pelas oportunidades perdidas, pelos erros cometidos. Os Guias Espirituais estão se esforçando para levantar-lhes o ânimo, mas essa postura de verdadeiro culto ao fracasso não nos levará de volta ao caminho da paz e da felicidade. Sabemos que a vida na Terra é cercada de muitos espinhos, mas que dizer da pessoa que, uma vez ferida, continua se atritando desnecessariamente com o espinheiro?

Muitos irmãos preferem o culto da dor do que o esforço da própria renovação. Preferem projetar a ideia de vítimas indefesas do fracasso do que a de heróis da transformação. Recordemos, filhos, das palavras encorajadoras de Jesus: "No mundo tereis aflições, mas tende bom ânimo, eu venci o mundo".

82

Aos jovens

Gostaria de registrar algumas palavras de esperança aos nossos jovens e sentimos neste momento um forte desejo das esferas superiores para que esta mensagem chegue aos corações juvenis cercada das bênçãos divinas. Tenham certeza, meus amigos, que estas humildes palavras estão carregadas do imenso amor de Jesus, deste mesmo Jesus que um dia também passou pela juventude e que por isso entende muito bem o que se passa no coração de cada um de vocês.

Compreendemos que nesta fase a necessidade da autoafirmação é mais intensa, pois em regra o jovem se sente bastante inseguro quanto ao que de fato ele é e quanto àquilo que a família e a sociedade esperam dele. Mas não vamos deixar que essa insegurança natural e passageira seja preenchida por hábitos nocivos e por companhias perturbadoras que somente irão comprometer o nosso presente e futuro, colocando em risco a própria reencarnação.

Em regra, na juventude somos muito carentes de aprovação alheia, sobretudo daqueles que estão em nossa faixa etária. Por isso, a questão das nossas companhias ganha substancial importância, o que nos obrigará a uma atitude seletiva em relação às amizades que elegeremos para nós.

Nesse aspecto, os grupos cristãos de jovens representam um campo de sementeira de amizades profícuas e benfazejas à construção de uma boa autoestima, fundada no amor, no respeito ao próximo e na responsabilidade que cada um deve ter em relação à própria vida.

Infelizmente, milhares de jovens têm voltado da Terra em lamentáveis condições, quase todos vítimas do álcool, das drogas, do crime organizado e da ausência de valores ético-morais que a família e a sociedade não ajudaram a construir. Todos tinham lindos sonhos, sonhos que os falsos amigos fizeram desmoronar, que as drogas acabaram de liquidar, que a ociosidade fez questão de sepultar, que a ausência de um sentido superior para a vida terminou por destruir.

Caros amigos da juventude, nossa segurança só pode estar em Deus, que nos ama incondicionalmente sem outro interesse que não seja o da nossa felicidade. Nossa segurança está no familiar querido que nos orienta os passos na senda do bem, está no trabalho digno que nos faz sentir úteis e importantes na comunidade onde Deus nos inseriu. Está no estudo que abre a nossa mente ao progresso que devemos conquistar. Está na percepção de que a vida é muito mais do que simplesmente gozá-la irresponsavelmente, porquanto seremos chamados a experimentar tudo aquilo que viermos a semear. Fora disso, o barco da nossa vida navegará em águas turvas e perigosas.

Se a nossa vida está em perigo, voltemos logo ao seio da nossa família e dos leais amigos que somente nos desejam a felicidade. Peçamos ajuda junto aos profissionais especializados da medicina e da psicologia a fim de que tenhamos as ferramentas necessárias para a libertação do nosso passado de enganos. Procuremos um trabalho digno que nos ocupe a mente e as mãos, a fim de que nos sintamos úteis perante a vida. E não deixemos de recorrer urgentemente a Jesus, suplicando a Ele que nos ajude a sair do pantanal de aflições em que estamos submersos. É verdade que Jesus salva, mas salva apenas aqueles que estão comprometidos com a própria renovação interior. Coragem, jovens, o Cristo nos ama intensamente, lembrem-se disso a todo o instante.

83

Dificuldades nas relações familiares

Geralmente os desajustes na família correspondem aos desajustes do nosso espírito extremamente voltado para si mesmo. Quando no lar estivermos dispostos a trabalhar pela felicidade do familiar que a sabedoria divina, com justas razões, colocou ao nosso lado, todos os problemas diminuirão sensivelmente, tornando a vida doméstica mais amena e feliz.

É preciso lembrar que grande parte das uniões matrimoniais ainda se dá em caráter provacional, almas que se reencontram no presente com a proposta de se curarem umas às outras através do amor que ontem sonegaram.

Meus filhos, se hoje encontramos dificuldades no campo das relações familiares, procuremos não desanimar nem desertar dos testemunhos de amor que a nossa consciência suplicou antes de reencarnar. Bem sabemos o quanto é difícil a solidão afetiva, a frieza contumaz do cônjuge, a rebeldia dos filhos, a agressividade da parentela, a indiferença do companheiro. Mas consideremos tais situações como experiências enriquecedoras para o nosso espírito, que, outrora, também resvalou no campo da frieza, do egoísmo, da traição, da agressividade, dos vícios e do abandono. Os que hoje choram com as dificuldades no lar quase sempre são os mesmos que ontem provocaram as lágrimas naqueles que hoje dividem conosco a experiência familiar.

Bendigamos, amados, a prova redentora junto à família que Deus nos deu para que aprendêssemos a amar como gostaríamos que os outros nos amassem. Somente assim poderemos legitimamente reivindicar o amor, o amor que até o momento ainda não se incorporou definitivamente em nossa maneira de ser.

84

Iluminação pelo amor

Todos os bons sentimentos que desejamos ter para nós mesmos precisamos, antes, oferecê-los ao nosso próximo. No ato de dar sem esperar qualquer recompensa, o homem expressa amor, a mais sublime e poderosa energia que já se viu na face da Terra, e pelo simples fato de amar a criatura já se eleva a patamares vibratórios que lhe propiciarão tudo aquilo que ela ofereceu ao seu irmão. O amor é força que se expande em luz e bênçãos, ao passo que o egoísmo é um vazio escuro que nos deixa nas trevas do sofrimento.

Ah, como se torna aureolada de sublime luz a criatura que ama, e que potencialidade curativa tem a força da caridade quando ela é espontânea e sincera. Se o homem se convencesse disso, ele viveria perenemente servindo aos seus irmãos.

85
Cuidado com os excessos

Precisamos nos precaver contra os excessos de toda ordem. A criatura humana sofre muito porque se excede em vários ângulos da sua existência. O planeta Terra não deixa de ser um hospital para a cura de todos os abusos que o homem vem cometendo ao longo das suas encarnações.

À primeira vista, pode aparentar aos nossos irmãos que estamos falando apenas dos excessos à mesa e do uso das bebidas alcoólicas. Falamos disso, sim, mas não apenas dos excessos gastronômicos que tantas mortes prematuras têm causado. Estamos querendo nos referir também aos excessos emocionais da criatura que tantos males têm gerado para si mesma, tais como:

Do excesso de tristeza causador de muitos distúrbios depressivos.

Da euforia desmedida capaz de esgotar as nossas melhores forças.

Do cultivo ao medo excessivo e injustificável, potencialmente apto a desencadear transtornos de pânico.

Do excesso de coragem que expõe o ser a perigos desnecessários, quando não ceifando vidas prematuramente.

Da excessiva cautela que paralisa qualquer iniciativa de progresso e realização.

Do excesso de cuidado para com o outro, anestesiando-lhe o desenvolvimento das próprias potencialidades.

Da excessiva necessidade de descanso, que entorpece a criatura humana nas garras da preguiça incessante.

Tudo na vida, filhos, pede moderação. Eis aí o segredo da paz e do equilíbrio.

86
Perda de pessoas amadas

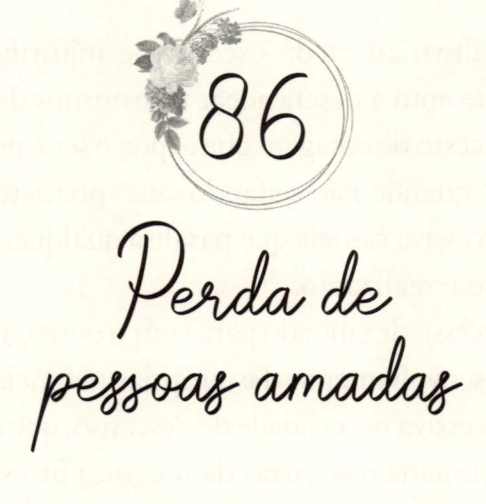

Ao nos defrontarmos com a morte de um ente amado, é natural que a dor da partida nos envolva em emoções de muita tristeza. Mas é necessário que ajustemos a nossa mente a um raciocínio mais amplo sobre as leis da vida, a fim de que a revolta e o desespero se apartam de nós o mais depressa possível.

Na verdade, nosso ente querido não morreu, apenas regressou às regiões espirituais de onde partiu antes de renascer na Terra. Carecemos de raciocinar espiritualmente, isto quer dizer abortar o pensamento materialista que estreita a nossa vida a limites muito pequenos entre berço e túmulo.

Ora, caríssimos irmãos, porventura Deus edificaria toda a obra maravilhosa do universo, com milhões de estrelas, rios, mares, florestas, para que o homem vivesse tão pouco? Não foram os homens criados paras as estrelas, mas as estrelas é que foram concebidas por Deus para o homem. Por que a divindade se esmeraria em criar tantas galáxias, numa vastidão tão infinita que o homem ainda não foi capaz de aquilatar a extensão dos mundos, apenas para que a criatura humana vivesse por tão poucos anos? Se Deus é o autor da vida, por que Ele se contentaria com a morte tal como o materialismo a concebe?

Raciocinemos mais amplamente, filhos. A morte é simples passagem desta realidade terrena para as outras infinitas realidades além da matéria. Comecemos a treinar nossa mente para conceber a vida além da realidade física que nos cerca. Nossos sentidos captam faixas limitadas da vida. Não queiramos pensar que só existe aquilo que vemos. A vida avança muito além daquilo que nossa limitada visão consegue captar. E é além dessa fronteira que nossos entes amados se encontram, refletindo, trabalhando, cooperando conosco, e esperando o dia do grande reencontro.

87
Somos seres espirituais

As concepções materialistas ainda continuam sendo fortes barreiras ao progresso espiritual da criatura humana. Até quando teremos que sofrer para nos libertar do jugo do materialismo que impera até mesmo entre os nossos irmãos espiritualistas?

Se a criatura humana raciocinasse como sendo um espírito imortal, se não visse a vida na carne como um fim em si mesmo, mas como uma chave para o seu progresso espiritual, por certo viveria sem tantos problemas e aflições.

É preciso que nossos irmãos se lembrem que somos espíritos mergulhados na matéria e não um ser material carregando um espírito. Cuidemos para que a vida na carne não nos traga tantas ilusões. A maioria, quando desencarna, chega deste lado da vida amargando muitas desilusões, porque centralizaram a vida terrena em situações transitórias, como riqueza, títulos, prestígio, fama, poder e beleza. Não queremos dizer que a criatura na Terra não possa usufruir dessas condições, mas que corre grande perigo quando coloca o seu coração nesses tesouros que os ladrões roubam e as traças roem.

Em tudo o que fizermos, filhos, coloquemos um sentido espiritual, cultuando os valores imperecíveis da alma, e assim entraremos naquele estado de bem-aventurança da qual Jesus falou no Sermão do Monte: bem-aventurados os pobres de espírito, os mansos, os justos e misericordiosos, os limpos de coração e os pacificadores, pois todos eles, e somente eles, entrarão no reino dos céus. E esse Reino, meus filhos, começa a ser edificado aqui na Terra mesmo.

… 88

Guardemos a espada

Muitos irmãos encarnam e desencarnam presos a lamentáveis processos de ódio e vingança que se perpetuam há séculos. Ontem sofreram injustiças e hoje se arvoram em justiceiros praticando outras iniquidades contra seus algozes, que, por sua vez, esperarão o momento oportuno para a vindita, num processo perverso e cada vez mais agressivo, dando curso a verdadeiras calamidades que se instalam no seio de muitas famílias e que se alastram pelos séculos.

É preciso que alguém interrompa o ciclo de ódio e desamor através do perdão. Ninguém que se arvore em justiceiro, pois todo aquele que ferir pela espada, pela espada também será ferido, como advertiu Nosso Mestre Jesus. Deixemos que a Justiça Cósmica atue em relação aos nossos adversários, não queiramos nos transformar em juízes, pois a mesma lei que aplicarmos aos outros também será aplicada a nós mesmos, e, convenhamos, nossas ideias de justiça ainda estão repletas de vingança e brutalidade e nosso passado espiritual também está cheio de dívidas que precisam ser acertadas. Guardemos a espada, perdoemos incessantemente, apliquemos aos outros a misericórdia que esperamos para nós.

89
Mensagem final

Meus filhos, o amigo que me serve de intérprete nestas linhas pede-me uma mensagem final. Meu coração está feliz com o humilde trabalho realizado, e tenham a certeza que cada recado grafado chega até vocês carregado de energias amorosas, não apenas com a minha humilde bênção, mas também com as vibrações carinhosas de muitos outros seareiros da vida maior que contribuíram para o êxito da tarefa que ora damos por encerrada.

Diversos amigos deste plano cooperaram conosco durante a árdua fase de transmissão das mensagens que meu coração desejava enviar aos irmãos domiciliados na Terra, e a todos somos muito gratos pela cooperação que nos prestaram, sobretudo ao médium que, vencendo grandes resistências, apresenta ao público, pela primeira vez, um livro de parceria mediúnica.

Mas o nosso propósito último é o de servir ao Mestre das nossas Vidas, e a Ele agora dirigimos as nossas preces:

Senhor, a noite lá fora se mostra densa e escura, a dor campeia em toda parte, as doenças se alastram, as misérias ainda consomem muitas vidas, as guerras ceifam almas inocentes. Até quando vamos ignorar os seus mandamentos de amor e fraternidade, até quando iremos sofrer por não lhe observar as diretrizes divinas traçadas em seu Evangelho?

Ah, Jesus, embora reconheçamos que não temos sido tão fiéis aos seus ensinamentos, temos a necessidade de pedir a sua companhia, como o fizeram os viajantes da Estrada de Emaús: "Fica conosco, Senhor, fica conosco".

Nós, os viajantes da estrada da vida, suplicamos o seu amparo, não nos deixe perdidos no isolamento do nosso egoísmo, não permita que a descrença nos impeça de continuar marchando adiante.

Abençoa-nos, Senhor, entregamos este singelo livro aos nossos irmãos queridos da experiência física, e por eles estaremos sempre orando ao Seu coração, para que os abençoe e guarde na luz do seu divino amor.

Bezerra

Evangelho no Lar

Culto do Evangelho no lar[1]

Conceito

É uma reunião semanal da família, em dia e hora previamente estabelecidos, para o Estudo do Evangelho à luz da Doutrina Espírita e a oração em conjunto.

Finalidade

Estudar *O Evangelho Segundo o Espiritismo* de maneira programada; criar o hábito do estudo evangélico e da oração em família; higienizar espiritualmente o lar por meio de pensamentos e sentimentos elevados em momentos de prece, paz e união; fortalecer os laços da afinidade familiar.

---

[1] *Orientação ao Centro Espírita*, Federação Espírita Brasileira, Conselho Federativo Nacional, 2006.

Participantes

Todas as pessoas integrantes do lar, incluindo as crianças e eventuais visitantes.

Desenvolvimento das atividades

Leitura de uma pagina de um livro de mensagens – como *Fonte Viva, Vinha de Luz, Pão Nosso, Caminho Verdade e Vida* –, visando à harmonização e sintonia de todos;

Prece inicial;

Leitura e comentários de *O Evangelho Segundo o Espiritismo* ou de página evangélica, com a participação de todos os presentes. O estudo poderá ser enriquecido com histórias ou narrativas de fatos reais vinculados ao assunto;

Poderão ser feitas vibrações pelos familiares, amigos, enfermos e outros;

Prece de encerramento.

Recomendações e observações

Escolher ambiente na casa que melhor acomode a família e demais participantes da atividade.

Realizar a reunião do Evangelho no lar semanalmente, em dia e hora previamente estabelecidos.

Colocar água para ser magnetizada pelos Benfeitores Espirituais.

Abster-se de manifestações mediúnicas.

Convidar as crianças a participar com canto, poesia, histórias, prece e comentários, conforme suas capacidades ou possibilidades.

Evitar suspender a reunião por motivo de passeios, acontecimentos fúteis ou de visitas inesperadas, que deverão ser convidadas a participar.

Manter conversação edificante antes, durante e depois da reunião.

Evitar ultrapassar o tempo de uma hora para a realização da reunião. Se houver crianças, reduzir o tempo.

O texto para leitura e reflexão poderá ser colhido nos livros *O Evangelho Segundo o Espiritismo*, *Evangelho em Casa*, *Jesus no Lar* e outros caracterizados pelo estudo da moral cristã à luz da Doutrina Espírita.

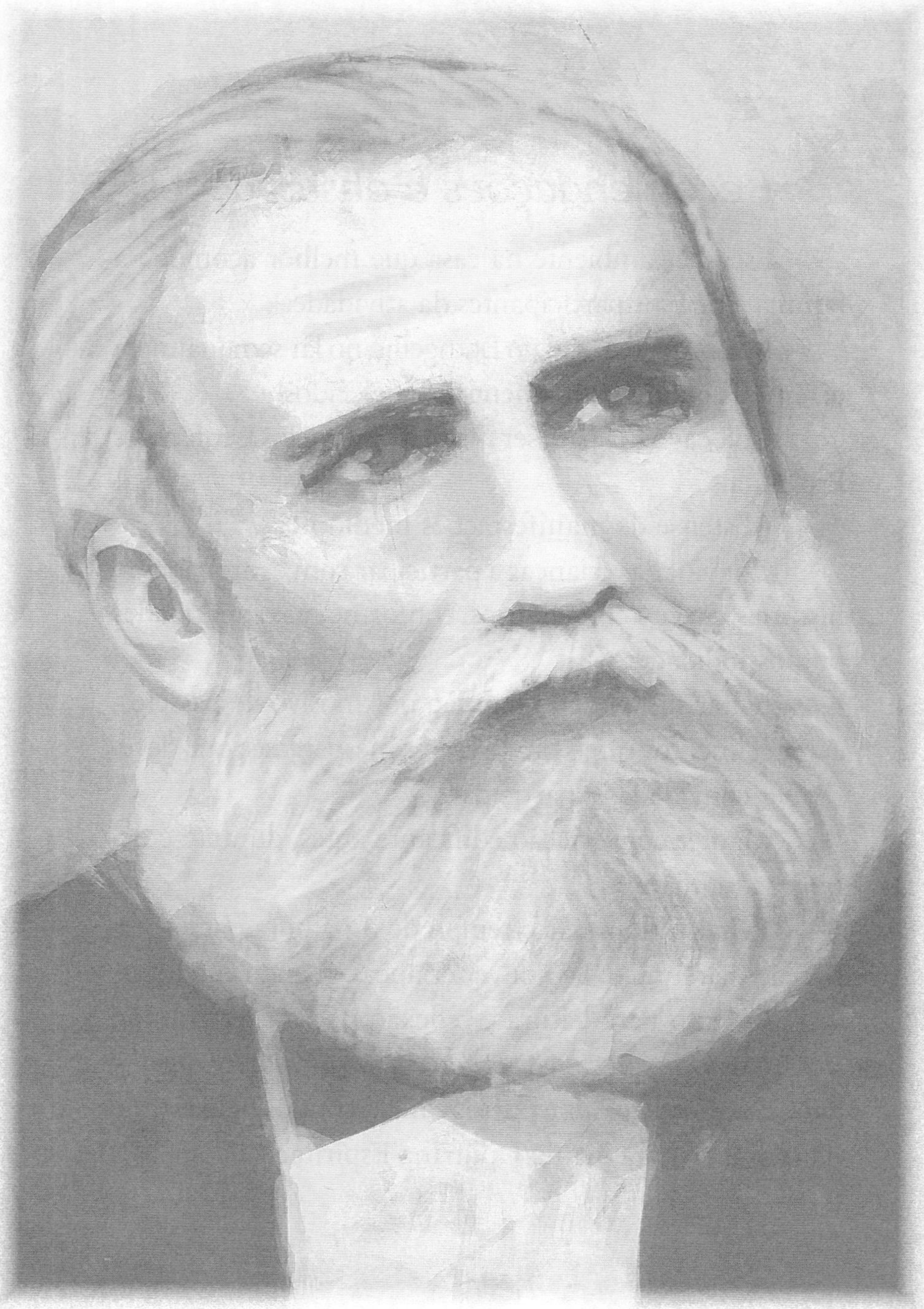

Dr. Adolfo Bezerra de Menezes Cavalcanti nasceu no dia 29 de Agosto de 1.831, em Riacho do Sangue, no Ceará.

Aos dezoito anos iniciou, no Rio de Janeiro, seus estudos de Medicina. Lá, elegeu-se vereador e deputado em várias legislaturas e defendeu as idéias abolicionistas. Conheceu o Espiritismo em 1.875 e em 16 de agosto de 1.886, diante de um público extraordinário, proclamou a sua adesão ao Espiritismo.

Trabalhou no atendimento aos menos favorecidos e, por conta disso, ficou conhecido como o "Médico dos Pobres". Seja como político devotado às causas humanitárias ou como médico conhecido por jamais negar socorro a quem batesse à sua porta, Bezerra de Menezes tornou-se um exemplo de homem e escreveu uma história de vida marcada pelo amor e pela caridade.

Desencarnou em 11 de abril de 1.900, prosseguindo, no mundo espiritual, o trabalho de amor ao próximo em suas dores físicas e morais.

A iniciativa que começou em 1993 com um pequeno grupo de amigos liderado por Alcione Albanesi tornou-se um dos maiores projetos sociais do país que transforma a vida de milhares de pessoas no sertão nordestino, a região mais carente do Brasil.

Com projetos contínuos de segurança alimentar, educação, geração de renda, acesso à água, moradia e saúde, os Amigos do Bem atendem regularmente 150 mil pessoas em 300 povoados do sertão.

Você também pode ajudar a transformar.

amigosdobem.org

FORMAMOS VIDAS

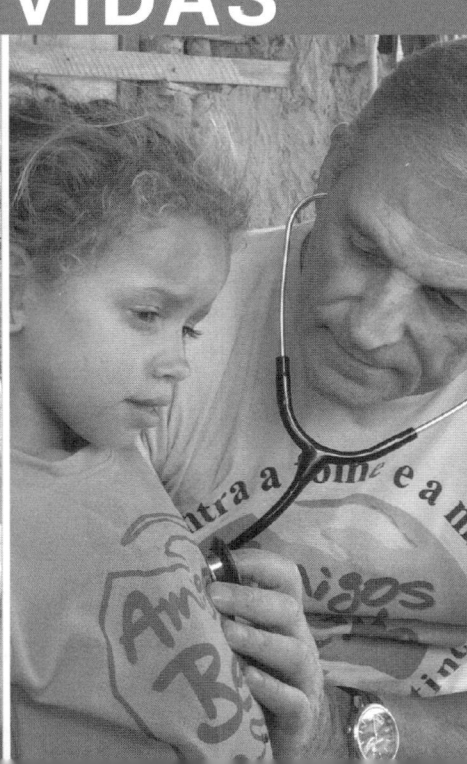

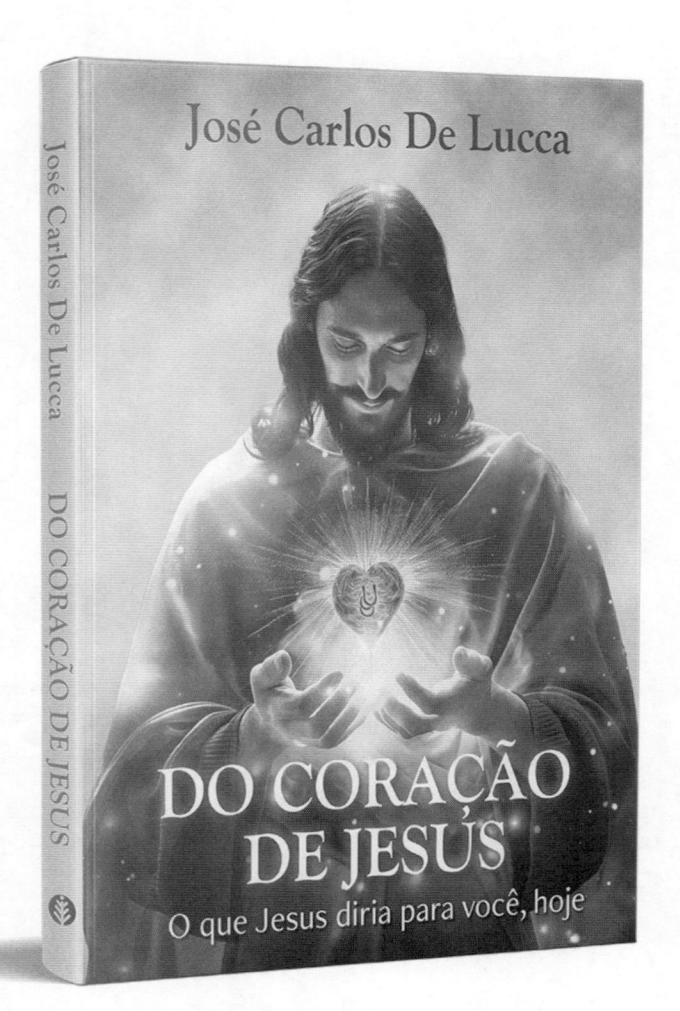

Do Coração de Jesus
José Carlos De Lucca

Cada página desta obra é uma conversa no sofá da sala, no corredor do hospital, na entrevista de emprego, na estação do adeus, quando alguém parte do nosso convívio físico; nas calçadas da vida, onde perambulamos, muitas vezes desesperançados.

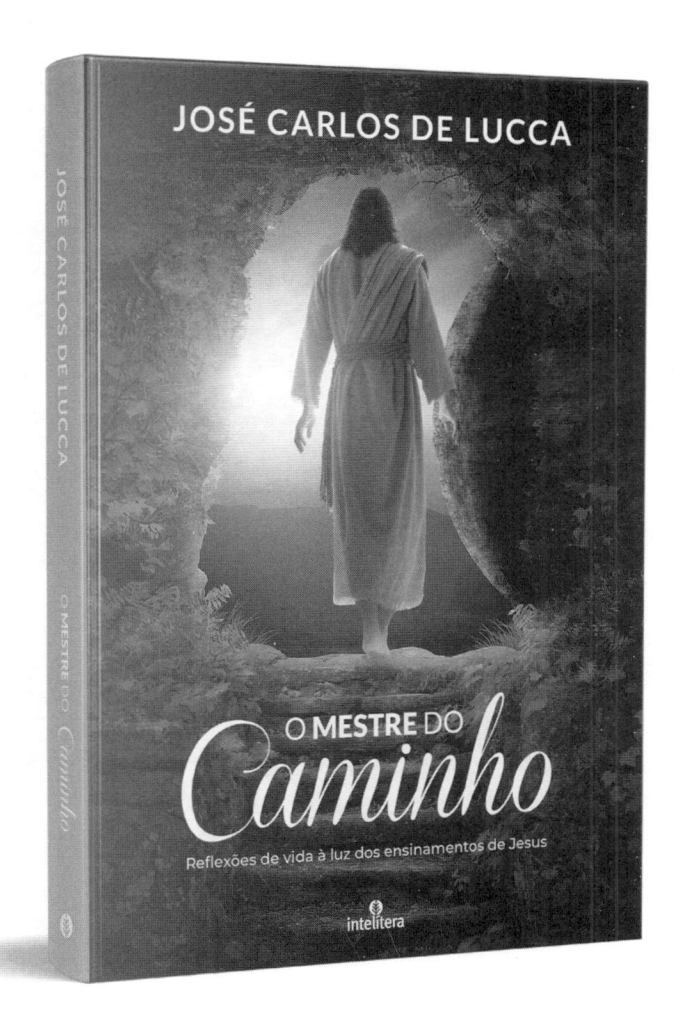

O Mestre do Caminho
José Carlos De Lucca

O leitor vai encontrar um Jesus vivo, sábio e amoroso, como ele o é, um Jesus que sai da História para entrar na vida de cada um, que não veio diretamente nos salvar, mas, sim, nos apresentar o caminho!

Aqui e Agora
José Carlos De Lucca

    De Lucca fala da importância de cultivarmos a nossa Espiritualidade, pois é ela que confere sentido e propósito à nossa vida, é o que explica de onde viemos, qual a nossa missão neste mundo e para onde vamos depois de deixar o plano terreno.

Simplesmente Francisco
José Carlos De Lucca

Extraindo reflexões sobre a vida repleta de desafios, conflitos e superações de São Francisco de Assis, De Lucca nos convida a buscar um sentido para a nossa vida também. Deixemos que Francisco, simplesmente, nos guie por esse caminho!

Para receber informações sobre nossos lançamentos, títulos e autores, bem como enviar seus comentários, utilize nossas mídias:

🌐 intelitera.com.br
✉ atendimento@intelitera.com.br
▶ youtube.com/inteliteraeditora
📷 instagram.com/intelitera
f facebook.com/intelitera

Redes sociais do autor:

🌐 jcdelucca.com.br
▶ youtube.com/José Carlos De Lucca
📷 instagram.com/josecdelucca
f facebook.com/orador.delucca
🎧 spotify/Podcast José Carlos De Lucca

Esta edição foi impressa pela Lis Gráfica e Editora no formato 140 x 210mm. Os papéis utilizados foram o papel Chambril Avena 70g/m² para o miolo e o papel Cartão Ningbo Fold 250g/m² para a capa. O texto principal foi composto com a fonte SabonNext LT 13/18 e os títulos com a fonte Souvenir Lt BT 19/25.